できることだけやればいい

大人の片づけ

一田憲子

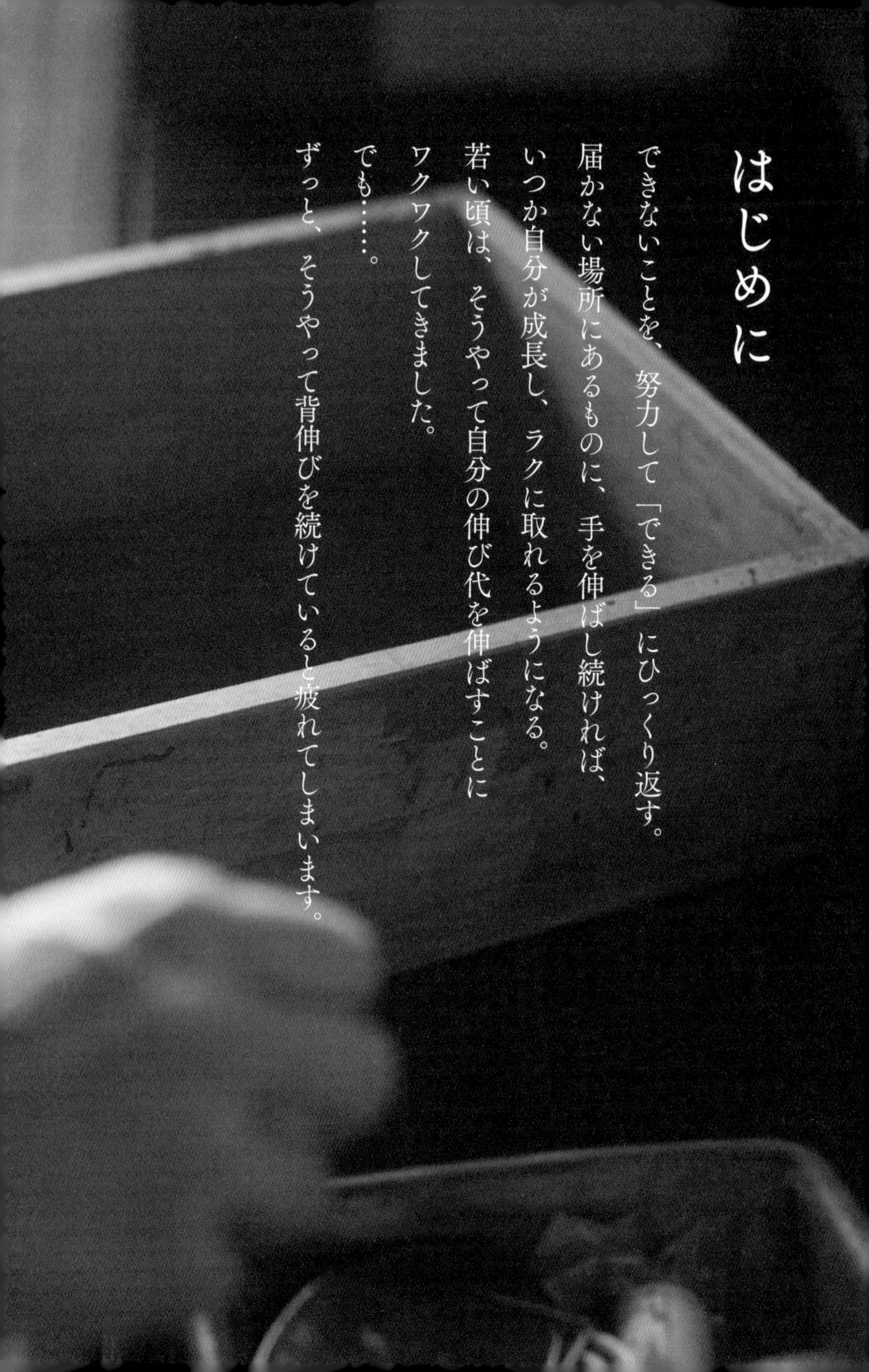

はじめに

できないことを、努力して「できる」にひっくり返す。
届かない場所にあるものに、手を伸ばし続ければ、
いつか自分が成長し、ラクに取れるようになる。
若い頃は、そうやって自分の伸び代を伸ばすことに
ワクワクしてきました。
でも……。
ずっと、そうやって背伸びを続けていると疲れてしまいます。

ずっと片づけが嫌いでした。
出したものを元の場所に戻すのも面倒くさいし、
引き出しの中をこまごま整理するのも苦手です。
そんな自分が恥ずかしくて、
ずっと人には言えず、隠し続けてきました。
でも、そろそろ、もういいかな、と思うようになりました。
引き出しの中が多少ぐちゃぐちゃでも、
おいしくご飯を食べられれば、それでいいじゃない。
ようやくそうあきらめられるようになった気がします。

けれど、大嫌いなのになぜか「片づけ」が気になるのです。

それは、「片づけ」の中に、明日を変える何か大切なことが隠されているんじゃないかと感じるから。

片づけを「やりたくない」のに「やらなくちゃ」と思うのは、気持ちよく暮らしたいからです。

机の上に散らばったあれこれを元に戻すのは気が重いけれど、その先にある「さっぱり片づけて風を通し、何もない食卓の上で、できたてのご飯を食べたい」という気持ちと向き合うなら、私にもできそうです。


こうして、ある時から「できないこと」はあきらめて、「できること」を探すようになりました。

私が「できること」なんて、たかが知れています。
なのに、「できること」だけ続けていたら、
いつの間にか、部屋がすっきり整うようになりました。
自分で自分の片づけをコントロールできるようになったなあと感じています。
完璧をゴールに設定するから、つらくなる……。
自分ができることを、心を込めて大切にする。
人生後半の片づけは、そんな、「本当の私」と向き合ってみようかと思っています。

ある程度の年齢と経験を重ね、今までとは、少し違う角度で考えてみる。
それを「大人の片づけ」と名づけました。
この1冊が、「今の私にできること」を
自分自身の中から掘り出すきっかけになれば嬉しく思います。

1章 なぜ片づけるのかを考える

2章 一田家の片づけ術

3章 時間の整理術

4章 人生後半のものの持ち方

一田家の間取り

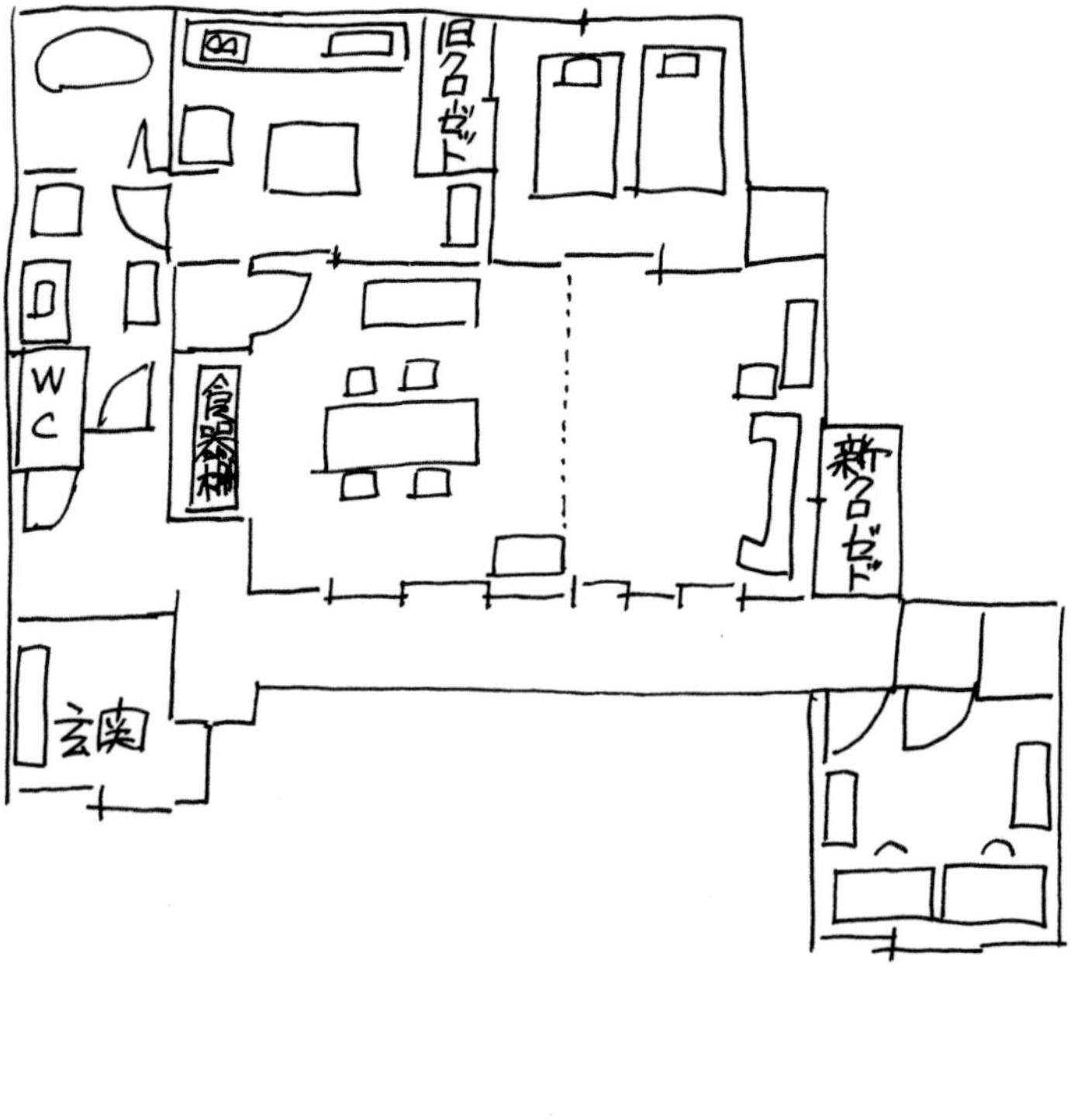

1章

なぜ片づけるのかを考える

整理整頓は、
過去と未来をつなぐ作業

手持ちの靴がすぐ出せる状態で収納。靴は90% がレースアップシューズ。

若い頃、私にとっていちばん大切なことは「前進」でした。とにかく前へ、前へ。昨日より今日のほうが成長していたかったし、今日より明日が進歩していなければ、気が済みませんでした。次に起こることが楽しみで、誰よりも早く「そこ」にたどり着きたい。そんな私にとって「今使っていたものを元の場所に戻す」とか「きちんと整理してしまう」という片づけは、後ろに戻る作業のような気がして、最も苦手なやりたくないことでした。

でも少しずつキャリアアップし、仕事が多岐にわたるようになると、「前進のみ」ではものごとがうまく回らなくなってきました。「やり終えたこと」「途中のこと」を放りっぱなしに前へ進むと、戻り場所がわからなくなったり、「あれ」と「これ」を結びつけたくても、肝心の「あれ」が見つからなかったり。

そんな中でわかってきたのは、整理整頓は「今まで」と「これから」をスムーズにつなぐためにするもの、ということでした。

我が家の靴箱は、古道具屋さんで見つけた、かつて小学校で使われていたというものです。正方形の扉がいくつも並んだ形がかわいくて、一目惚れで買い求めました。ただ、1枚の扉の中に1足しか靴がしまえません。結局入りきらずに、靴の上に靴を重ね、出かける前に「えっとあのエナメルの黒はどこだっけ?」とあっちの扉を開けたり、こっちの扉の中をのぞいたり。しかも、重ねると靴の形が潰れてしまいます。そこで、百円ショップで折りたたみ式のラックを購入。靴を2段に分けて収納できるように工夫しました。

せっかくパンツとシャツをピシッと合わせてコーディネートしても、靴がちぐはぐだと、おしゃれが台無しになってしまいます。何度か、出かけた後に「あ〜あ、この靴じゃなかった」と後悔したので、今は玄関に段ボールの板をスタンバイさせ、着替え終わったら、鏡の前で靴を履いてチェックするようになりました。その際もすべての靴を見通すことができるのでスムーズ。「よし!」と最終確認をすれば、今日の自分に自信を持って出かけることができます。

立ち止まって振り返り、整理する。この作業をきちんとしておけば、すぐに次のスタートが切れる……。もたつかずに、準備を整え出かけられることが、こんなにも気持ちいいものなのだと実感しました。

ある人が「毎日寝る前に、1日の出来事を思い出し、自分で自分に説明をしてあげる」と書いていました。説明をするための言語力は「過去の知識や経験の蓄積を呼び起こすための呪文である」とも。それは、自分の経験の整理整頓です。つまり「やりっぱなし」ではなく、きちんとその日の経験を「片づける」ことで思考をより深め、蓄積することができる……ということ。なるほど～と深く納得しました。

片づけ上手になるために、いちばん大事なのは、「私はいったい何のために片づけなくちゃいけないのか」を、自分ごととして理解することだと思います。過去、今、そして未来という自分の時間軸を1本につなげる……。片づけの再定義をしてみると、それが面倒なことなんかでは決してなく、むしろなくてはならないことに思えてきます。

「片づけるのは何のため?」と問い直してみる

自分にとっての
100点を更新する

部屋を片づけ終わったら、最後の仕上げにホワイトセージを焚く。

我が家にやってきた人はみなさん「すっきりしたお部屋ですね～」と褒めてくださいます。でも……。私自身はお恥ずかしいぐらい大雑把人間で、片づけや掃除が大の苦手です。脱いだ洋服はソファの上に置きっぱなしだし、食卓の上には、すぐにDMが積み重なるし、食べて少し残ったチョコレートの包みが転がっているし。なのに、なぜ褒めてもらえるのか……。自分でも不思議で、その理由を分析してみました。

まずは、「誰かが来るぞ！」となった日には、「せ～の」で一気に片づけるから。つまり、「いつもきれい」ではないけれど、30分ほどあれば「片づいた風」に戻すことができるということです。この元に戻せるか、戻せないかが、「褒められ部屋」を手に入れるコツかなあと思います。

出しっぱなしにしたものが、部屋の角に積み重なり、「ま、いいか」とそのままにする。その繰り返しで、いつしか混沌《こんとん》とした状態がデフォルトとなり、感覚が麻痺して「ごちゃついている」とさえ感じなくなる。こうして、「すっきり」は、崩壊していきます。

一気に「ごちゃつき」の世界へなだれ込むのを防ぎ、ぐっと踏ん張って「すっきり」へギアを戻す……。そのために必要なものは、几帳面で緻密な性格ではなく、整理整頓のスキルでもないんじゃないかと思うようになりました。「あ〜、面倒くさ！」と思いながら、なんとか部屋を片づける……。その原動力となってくれるのが、今まで見た「美しいもの」のような気がしています。

私が一人暮らしを始めたのは、6畳ひと間のワンルームマンションでした。駅前の家具屋さんで小さなテーブルとデスクとチェストを買って並べるだけで嬉しかったなあ。今思えばチープな家具だったけれど、あの時期の私にはそれが100点でした。やがて取材でいろいろなお宅に伺って、作家さんの器を知り、時を経て味わいを増す古道具を知り、北欧の家具を知り……。そこで知ったことを、自分の家へと持ち帰り、真似してみることが何より好きでした。そして、年齢とともに家に求める100点を更新してきました。

自分の好きな空間をつくる、ということは、一見「片づけ」とは別次元の話にも思えます。でも、「ごちゃつき」と「すっきり」のギアチェンジは、自分が暮らしている部屋を、いかに愛おしく思えるかどうかで「できる」「できない」が決まると思うのです。

忙しくて、疲れていて、だんだん部屋が散らかってきて……。そうすると持ち点が減って、80点、60点と、部屋の心地よさの点数が落ちていきます。でも、自分にとっての「100点」を知っていれば、減った分を取り戻そう！　と自然に意識が働きます。あるべき場所にものを戻し、窓を開けて風を通し、掃除機をかけ、最後にセージを焚いて香りで部屋を整え、「ふ～」と一息つく。その心地よさを体で知っておく……。

だから、いろいろなものを見て、「好き」の幅を広げ、自分の「100点」を「110点」「120点」とバージョンアップしていきたい。大人の片づけには、そうやって「センスを磨く」という裏技も必要なような気がします。

素敵な人の家、持ち物などをよく観察する

片づくための「習慣」を手に入れる

よく使うバッグ3つを厳選。クローゼットのポールにS字フックでかけておく。

せっかく整理して片づけても、結局またものが出しっぱなしになって、部屋が散らかってしまう……。それは、私が大雑把な性格だからだと思っていました。つまり、性格は直しようがない↓片づけができない↓部屋が散らかるのは仕方がない、と思っていたというわけです。

でも、取材ですっきりした部屋に住む方にお話を聞くと、みなさん「私も片づけ嫌いなんです」。「几帳面なんかじゃ全然ないんです」とおっしゃる。だったら、「片づけ上手」と「下手」の違いはいったいなんなのでしょう？

よくよく聞いてみると、部屋をきちんとキープしている人はみんな「頭を使って」片づけていらっしゃいました。つまり自分が続けられることを分析し、習慣化されている、ということ。どうやら片づけに必要なのは、食べて、仕事をして、くつろいで、寝る……という毎日の暮らしの流れの中に、いかにクレバーに片づけを組み込むか、ということのよう。

料理をしないとご飯が食べられないし、洗濯をしないと明日着て行くシャツがない。でも、片づけは「絶対にやらなきゃいけないこと」ではなく、つい後回しにしがちです。そんな片づけを定着させるためには、「一生懸命」片づけるのではなく、「当たり前に」続けるためのしくみをつくることが大事。

たとえば、仕事から帰ると、ついかばんをそこらに置きっぱなしに。出かけなければ、数日前に使ったバッグが、ずっとリビングの床に転がったまんまです。そんな「バッグ問題」をなんとかしたいと、クローゼットのポールに、「無印良品」の大きめフックをひっかけて、よく使うバッグを吊るしてしまうスタイルにしてみました。これだと、家に帰ってバッグから財布や手帳やペンケースを出したら、バッグをヒョイとひっかければOK。フック1個にかばん1個にするのがポイント。2個3個と重ねて吊るすと、今度は使うときに、取り出しにくくなりますから。この一連の流れには、一点の「面倒臭さ」もないので、体が自然に動くようになりました。

「やりたいこと」を実現するためには、「やりたいことをするための時間」をつくることが大事、と知ったのはごく最近のことです。「1日を振り返って、自分の中を整理したい」と心の中で思っているだけでは、忙しいとつい「あ、今日も終わってしまった」と実現することができません。それよりも「寝る前に10分間なんにもせずにソファに座ろう」と時間をつくれば、きっと自然にできるようになるはず。今は、ぼんやりと「こうだったらいいなあ〜」という思いが、少しずつ固まってきたら、まずは「それを成し遂げるための環境＝時間や場所」をつくってみようと考えるようになりました。

片づけもきっと同じです。「元へ戻す」という習慣がなければ、部屋は永遠に片づきません。習慣は、繰り返すことで暮らしに定着します。やってみて、ちょっと微調整し、またやってみる。そのうちに無意識で続けられるようになったら、習慣が自分のものになります。意志の力を手放して、自然に無理なくできるパターンをつくる……。片づけは、私たちが考えているよりも、もっと気楽に続ける作業なのかもしれません。

「こんな私でも続けられること」を見つける

「買う」＝「学ぶ」を卒業する

30代の頃、清水の舞台から飛び降りるつもりで買った漆器は太田修嗣さん作。

器や鍋も洋服も、買って使ってみなければ、着てみなければ、本当のことはわからない。若い頃、買い物をする大きな理由のひとつが、「ものの向こう側」に広がる世界を知りたい、見てみたい、という思いでした。

漆のお椀は熱い味噌汁を注いで手で抱えても熱くなく、口当たりが優しいことも、パンツはくるぶしがちょっと見える短め丈のほうが軽快に見えることも、歳を重ねると、メンズライクなシャツよりも、フリルなど「ちょっとかわいい」ディティールが似合うってことも、すべて買ってみてわかったことです。

さらに、もっと知りたかったのが「これを使う人には、どんな風景が見えるのだろう？」ということ。私はものを買うことで、「その人」と同じ世界に行ってみたかったのでした。

まだまだいろんなことを知りたい、経験したい。世の中には、新しいものがたくさんあります。でも……。最近、そろそろもういいかな？ と思うようになりました。若くて、経済力がある時期には、どんどん買ってものを生活に入れ、違ったらどんどん出す、という新陳代謝の中で成長することができるけれど、ずっと買い続けるわけにもいきません。そろそろ視点を「新しく得る」ことから、違うものへと移す時期がやってきたのかも。

「学び」の時代をそろそろ卒業しなくちゃ……。そう考えたとき、じゃあいったい次の一歩はどこへ踏み出したらいいのだろう？　とわからなくなりました。新しいものをゲットしなくても、できればワクワクと暮らしたい。そのためにはどうしたらいいのでしょう？　唯一できることは、今手元にあるものを、もう一度見直すことでした。

改めて食器棚の下段の扉を開けてみたり、クローゼットの奥のかごをのぞいてみたり。すると、そこにいったい何が入っているのかさえ把握していない自分に気づき、呆れてしまいました。「そうそう、これ去年買ったんだった」とすっかり忘れて放りっぱなしにしていたものがいっぱい。「あれ？　これ買ったのに全然着ていなかった」というスカートを引っ張り出して、今着ているシャツを組み合わせたり、「これ、最後に使ったのは1年前だったかな？」という器に、いつものおかずを盛り付けてみたり。

それは、ひたすら前を向いて走り続けてきた私が、どこかに置き忘れてきた時間に対面しているような気分でした。そして、「これで当分は楽しめるかも」と思ったのです。あの時とこの時、と時間差で手に入れたもの同士を組み合わせ、今の暮らしに落とし込む……。そうやって、ものを「得る」のではなく、日常で「使う」ことで、新しく知ることだってきっとある。人生の後半は、そうやって「すでに持っているもの」を味わい、楽しんでみようと思っています。いかに早く前へ進み、いかに多くのことを知るかが大事だった若い頃に比べ、やっと今、スピードを緩め、これまでに得たものがいったい何だったのかを、じっくり検証できるようになった気がします。ものだけでなく、今まで積み重ねてきた経験や、スキル、人との関係……。私が持っているものってなんだっけ？　そんな点検も片づけのひとつだと感じるこのごろです。

自分が持っているものを、新たな目で見て使ってみる

まずは、自分の性格を認めることから

間口が狭く奥行きがあるかごを、スチールラックに並べて乾物やスパイスを収納。

「自分のいちばんイヤなところを2つ挙げてください」と言われたら、私の場合、①飽きっぽくて三日坊主なところ。②優等生体質でプライドが高いこと。かなあと思います。今から10年くらい前、洗いざらしたふきんに、刺繍《ししゅう》糸でチクチクと同じ模様を刺す刺し子を友達と一緒に習いに行きました。私は1枚刺しただけですぐに飽きてしまったけれど、つい最近、彼女の家に遊びに行くと、キッチンに白い布に白い糸を刺した、それはそれは美しい刺し子のふきんがありました。「ああ、ずっと続けていたんだなあ」と緻密で繊細な彼女の日々を思い描くと、自分が恥ずかしくなりました。

一方で、自分がやりたいことを、誰がなんと言おうとやってしまう友人もいます。つい人の目を気にして「いい子」でいたくなる私は、彼女の他の誰でもない彼女らしさやユニークさに触れるたびに、「あ〜あ、私って平凡……」とがっかりします。長年この「欠点」をどうしたら克服できるだろう？　と考えてきました。でも……。「欠点」っていったい何なのでしょう？　直そう、直そうと思っても、ついしてしまうこと。それは、自分の頭と体の中に、すでにプログラムされている「基本パッケージ」のようなものです。それを、修正するのはほとんど不可能に近い……。だったら、そのひとつひとつを点検して、いい作用で働くように回路をつなぎ変えればいいんじゃないか？　そう考えるようになりました。そして、もしかしてあの「欠点」は、私の大事な「個性」なんじゃないか、と思うように。三日坊主だから、次々に新しいことに興味を持てるし、人の目を気にするから、すぐ横にいる誰かのかすかな心の揺れに気づくことができる……。欠点を長所にひっくり返した時、それは、何よりも強い個性になり、力となるんじゃなかろうか。そう信じてみれば、自分のことをもっと好きになれる気がします。

片づけも同じだと思います。人はつい「正解」を求めてしまいます。でも、整理収納の達人の完璧な収納が、私にとっての「正解」とは限りません。片づけは毎日のこと。いちばんダメダメな自分でもできることでないと続けられません。カッコをつけない、素の自分でできることってなんだろう？　そう考えるのが第一歩なのかも。

我が家では、キッチンの隅にスチールラックを置き、乾物や缶詰、スパイスなどの食材をしまうストッカー代わりに使っています。でも、ここがすぐにぐちゃぐちゃに。「きれい」をキープできない自分にイライラしていました。そこで、細かな作業は無理！　とあきらめることにしました。とにかく買ってきたら、かごにポイポイ放り込む。使ったものの残りはジッパー付き保存袋に移し替えてポイポイ！　しまい方を1種類だけに絞り、整理方法を「緩める」ことで、我が家のパントリーは断然きれいになりました。

どうしても片づかない。どうしても続けられない。どうしても面倒くさくなる。片づけとは、そんなありのままの自分を認めること。「どうしても」の先に自分だけの方法を見つけてみる……。そうやって手にした片づけは、これからの暮らしをしっかりと土台から支えてくれると思います。

自分の性格のまま、続けられる収納方法を考える

暮らしの中の「違和感」を見逃さない

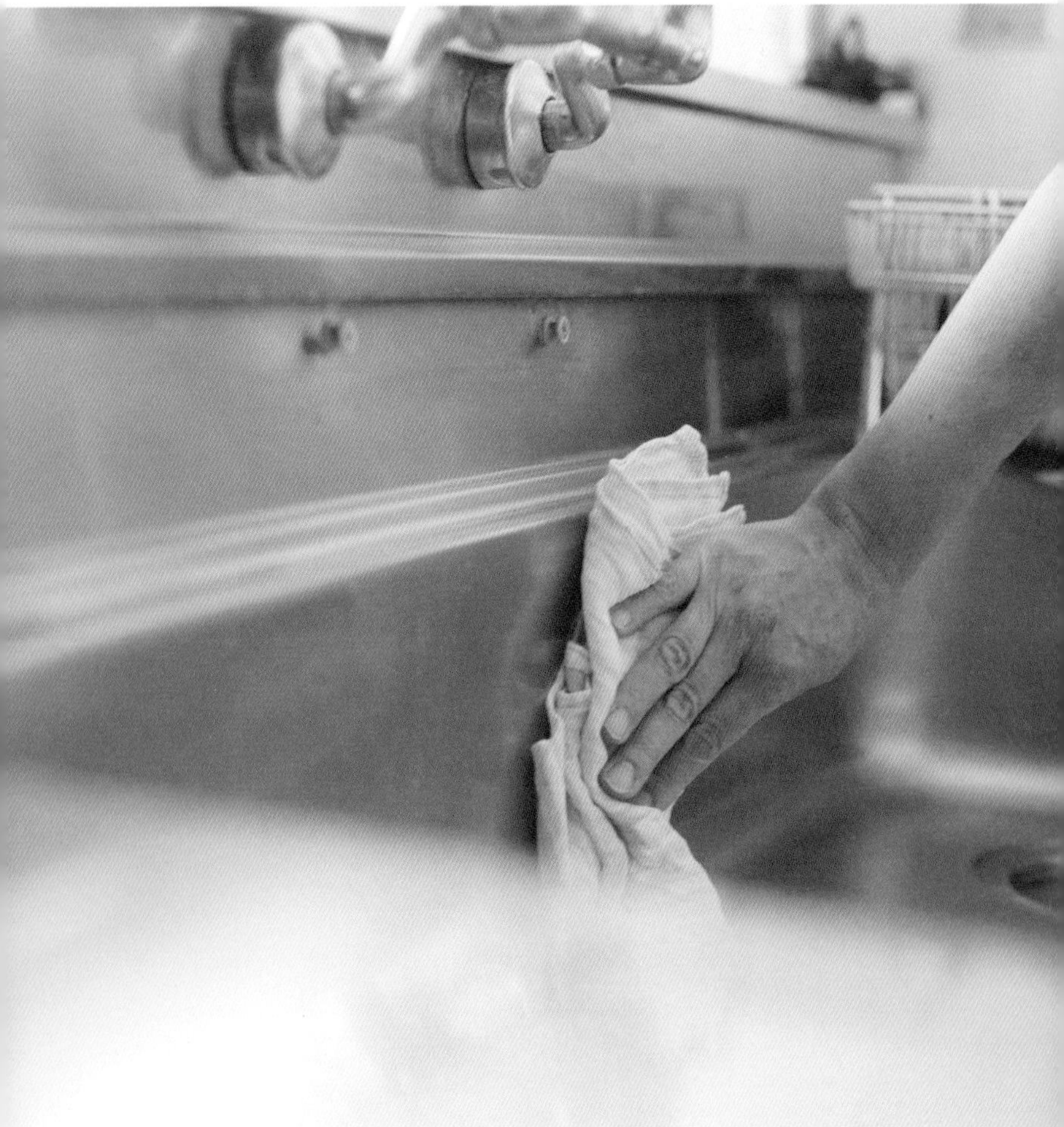

寝る前に、スポンジ置きを外してシンクの側面、中をキッチンクロスで拭き上げる。

ある時、実家に帰ると、キッチンのタイルの壁に、水切りかごが宙吊りになっていました。よくよく見ると、タイルに吸盤を取り付けて、そこにかごをひっかけるしくみになっています。「水切りかごをカラッと乾かしたいと思って、やってみたんよ」と母が得意げに教えてくれました。その小さな工夫を目にして、なんだか感動してしまいました。今年77歳。専業主婦歴57年。父とふたりでの暮らしは、淡々と同じことの繰り返しのはず。その中で、キッチンの壁に吸盤をセットしてみる……。そんな「新しさ」を取り入れる我が母をすごいなあ〜と思ったのでした。

整理上手の方の取材に伺うと、共通した視点を感じます。それが、「ちょっと不便」にすこぶる敏感、ということ。そして、「不便」と感じたら、すぐさま改善に動き出します。ビジネス用語に「PDCAサイクル」という言葉があります。Plan→Do→Check→Actionという循環のこと。計画して、やってみて、見直して、改善する。これをぐるぐると繰り返すことで、螺旋《らせん》を描くように、もののごとのレベルは向上していくそう。

実は私は、結果がわからないことをやってみる、ということが苦手でした。ちゃんとうまくいく、とわかってからやりたい。つまり、失敗するのがイヤということ……。ところが、いろいろなジャンルの方にインタビューをすると、ビジネスのプロも、おしゃれの先輩も、整理収納の達人も、ジャンルは違えどみんなが同じことを言っていることに気づきました。それが「失敗しないと、正しい方法がわからない」ということ。うまくいくかどうかはやってみないとわからない。そのアクションのいちばん最初のきっかけが、日常の中の「小さな違和感」だというわけです。

母の真似をして、私も水切りかごを宙吊りにしてしまうことにしてみました。我が家にはタイルの壁はないので、シンク下の扉にひっかけられるフックを見つけて購入。寝る前に、水切りかごを拭いて、ここにかけておけば、朝にはさっぱり乾いています。なのに……。ふと気づくとシンク周りに水垢がついていきます。こればっかりは仕方がないのかな？　と半分あきらめていました。

そんな時、取材に伺った料理家さん宅で、キッチンで料理を作ってもらいながら話を聞く機会がありました。私がハッとしたのは、料理ではなく、洗い物の手順でした。ボウルの中のものを鍋に放り込んだら、すぐそのボウルを洗い、さらに洗い終わったら、その都度ふきんで、蛇口周りの水分を拭き取るのです。「すごくこまめに拭くのですね」と思わず口に出すと「水分が残っていると、すぐ水垢で白っぽくなるからね」と教えてくださいました。そっか！ こまめに拭けばいいんだと目からウロコ。これを機に、1日の終わりにキッチンクロスで、シンク内を拭き上げてから寝るようになりました。

きっと大事なのは、最初にエンジンをかけることなのです。小さな違和感を解決する方法を、自分で見つけ出し、まずは動いてみること。一歩動きさえすれば、後はよりよい方向へと、生活が転がり出します。片づけ上手になることは、心も体も身軽に動く、ということのような気がします。

不便なことを見つけたら、すぐ動く

夫の片づけには
口も手も出さない

使い終わったマグカップをシンクの中に置きっぱなしにしないよう心がける。

我が家は夫婦ふたり暮らしなので、それぞれのものはそれぞれで片づける、というのがルールです。食卓の上に夫の手紙や書類が置きっぱなしになっていれば、それを書斎に運んで彼のデスクの上にドサッとのせておきます。洗濯物は自分の分だけ所定の場所にしまい、夫の分はソファの上に。彼の仕事が立て込んでいるとTシャツやらトランクスやら靴下やらが山盛りになっていきます。

不思議なことに、私自身も忙しくて「あとでアイロンをかけてからしまおう」と服を積み上げていると、夫の洗濯物の山は、どんどんうず高くなります。私がサッサカ片づけると、ふと気づくと、夫の山がなくなっていたりします。これは、キッチンの洗い物でも同じです。私がシンクにコーヒーを飲んだ後のカップを置きっぱなしにしていると、その横に夫もカップを置きます。ちゃんと洗って水切りかごにふせていると、夫もちゃんと洗います。そっか、まずは自分がやるべきことをちゃんとやることが大事なんだなあとわかってきました。

夫は私よりずっと几帳面ですが、ものを捨てることができない人です。色あせたハンカチを見せながら「これ、高校の時から使ってるやつ」と聞いた時には驚きました。夕飯の後も、ほんの一口残ったおかずを捨てることができなくて、密閉容器に入れて冷蔵庫へ。結局食べることなく、最後に処分するのは私の役目になります。そんな彼が最近、大改造をした私のクローゼットに刺激をされたのか、衣類の整理を始めました。ずっと着ない衣類を「持っていても仕方ないしな」とブツブツ独り言を言いながら処分。私は横で「お〜、やっと気づいたか！」とこっそり手を叩きます。

私は、片づけ方やものを減らす意味について、取材先でいろんな方にお話を聞き、そのセオリーに毎回「へ〜！」と感心します。そして、自宅に帰って真似してやってみます。夕飯を食べながら「どうしてこうするのか」を夫に話します。「話したってわからないよなあ」と思いながらも話す……。この積み重ねが、ジャブのように効くことがわかってきました。

人は、人から聞いたことが自分のお腹の中の何かとカチリとセットされないと、「本当に聞く」ことができません。そして「その時」は、いつやってくるかもわかりません。仕事のやりがいや、暮らしとのバランス、人生後半のプランや、自分が大切にしたもの。毎日の中で、いろいろな思いが交錯し、その中でふと「ものを減らさなくちゃ」と思い立つ……。きっと夫には夫にしかわからない思考のプロセスがあったのだと思います。その中に、私が夕飯を食べながら、何度も語ったあの「片づけの話」がおそらく含まれていたはず。意識しないうちに、記憶の中にかすかにこびりついた話が、ふとしたきっかけで水面の上に顔を出す。そんな時、人は行動を起こすのだなあと感じています。

「もう～、どうしてそうなのよ！」とイライラし続け、時に失望しながら学んだのは、相手は変えられないという事実でした。同じ価値を共有したいなら根気よく、時間をかけて話し続けることが大事。それを受け止めてくれるかどうかは相手に託す……。心地よく一緒に生きていくために、気長に待つということが、やっとできるお年頃になりました。

どうして片づけるか、わかってもらえなくても夫に話す

片づけは、「時間」と「スペース」と「気力」のかけ算

片づけに必要なものの表。どれかが足らないなら、別の何かで補えばいい。

片づけに必要なものは、「時間」と「スペース」と「気力」だなあと感じています。この3つのうち、どれかが足りなければ、どれかで補う……。「時間」がないなら「スペース」で解決する。「スペース」がなければ、「気力」で解決する。つまり、3つすべてがそろっていなくてもいい、ということです。

家事や仕事に忙しくて、なかなかこまごま片づけている暇がない、という人は、「スペース」と「気力」で補います。「スペース」とは、収納場所のことです。どんなに時間がなくても、広～いクローゼットがあったら、そこへ洋服をかけていくだけで片づきます。でも、現実にはそんな恵まれた住環境にいる人はほとんどいません。だとすれば、「スペース」を確保するために必要なのは、「ものの量を減らす」ことになります。仕事を持ち、忙しい人は、「時間」がないからこそ「ものを少なくする」ことが、片づけ上手になるいちばんの近道というわけです。「時間がない」のではなく、「時間をかけたくない」人にも、この方程式は有効です。

私は、今年になって家中のものを減らそうと頑張っています。実は、ものを減らすにも時間がかかります。その時間をかけたくないから、今まで見て見ぬふりをしてきました。でも……。えいっと取りかかって、いろんなものを処分しまくると、スペースがいきなりガランと空きます。そしてものが見通せるようになり、戻し場所がひと目でわかるようになります。使ったものを、戻すだけで気持ちがすっきりして、ワクワクしてきます。「ものを減らすって、こういうことだったんだ～」と実感する日々。少しずつ片づけに「時間」がかからなくなってきました。

「気力」とは「やる気」のことです。「意識」と置き換えてもいいかもしれません。「時間」も「スペース」もない、ものも減らしたくないけれど、すっきり暮らしたい。そう考えるなら、常に整理整頓の意識を持ち、片づけを習慣化することです。でも、いつも「気力」を持ち続けるのは難しいもの。歳を重ねると、若い時のように「よし、今日は片づけよう」と1日中整理整頓に明け暮れる、という根気もなくなってきます。日々の「気力」を支えるのは、クリアな心でいる、ということのような気がします。十分な睡眠を取り、1日の終わりに、自分の中を掃除して空っぽにし、朝になればフレッシュな気持ちでスタートを切る……。「私は、そんな高い意識は持てないわ」という人は、「時間」か「スペース」で解決すればいい。コツコツと片づける時間を積み重ねたり、スペースを広くするために、ものを減らしたり……。

「時間」と「スペース」と「気力」。自分はどれを多めに持ち、どれを減らしたらいいか、一度客観的に考えてみることをおすすめします。「腑に落ちる」ってとても大切な作業のように思います。単にものを減らそうと思うだけなら、なかなかできませんが、「私には、時間がないんだから、ものを減らそう！」と考えれば、納得して取捨選択できます。全部の条件が整わなくてもいい。何かができなければ、別の何かで補えばいい。そう考えると、ちょっと気がラクになりそうです。

片づける時間がないなら、ものを減らし「スペース」で解決する

整理収納アドバイザー・Emiさんに教えてもらいました

「今さらですが、片づけってなんですか?」

すっきり暮らしたいのになかなかできない。
暮らしの中に片づけを定着させるコツは何なのでしょう?

Emi

兵庫県西宮に拠点を持つ「OURHOME」主宰。カタログ通販大手勤務を経て、夫と18名のスタッフと共に「OURHOME」を運営。暮らしのコラムの発信、オリジナル商品の企画販売、オンラインレッスンなどを行う。近著に『わたしの〝ちょうどいい〟モノ選び』がある。
https://ourhome305.com

一田　Ｅｍｉさんは、どうして整理収納に興味を持ったのですか？

Ｅｍｉ　小さな頃からインテリア雑誌を読むのが大好きで。後ろのほうのページに服のたたみ方や、ベッド下の引き出し収納などが紹介されていて。真似をしてやってみたりしていました。私、そもそも工夫することが好きなんです。小学生の頃、テレビで突っ張り棒を使った片づけを紹介していたら、さっそくやってみたり。

一田　じゃあ、今のお仕事は子どもの頃の工夫がどんどん発展したって感じ？

Ｅｍｉ　最初は「整理する」っていう意味を知らなかったんです。だから、整えるとか、引き出しの中をきれいにするとか、そういうことで満足していました。前職の通販大手の会社に入って、整理収納アドバイザーという資格を取らせてもらい、その時初めて「整理」って何かを知ったんです。**「整理と、整頓と、収納って、全部違ったんだ！」**って。

一田　え〜、違うの？　どう違うの？

Ｅｍｉ　整理とは、ものを分けること。ものを分けて大切なものを選ぶことです。これが一番下のベースです。整頓は見た目を整えること。収納はしまい方ですね。

一田　今回、引き出し1個の整理を教えていただいてびっくり！　まずは全部引き出

しの中身を出すんですよね？

Emi　そうなんです。**「いらないもの」を探すんじゃなくて「大切なもの」を選び取ることが大事。**私も初めてこのことを知った時、「そっか！　今までは逆だったんだ！」って目からウロコでした。捨てるものを探すって、ネガティブな感情なので気が重い。でも**好きなものはポジティブな感情なので、どんどん進むんです。**

一田　なるほど〜。確かに引き出し1個ならやる気になりますよね。片づけって、自分のエンジンに点火するところが、いちばん難しいと思います。

Emi　そうそう。みんなやりたいと思っ

ているけれど、なかなか行動が伴わない。だからこそ「引き出し1個から」やってほしいんです。空間が変わったら絶対にもっと身軽になって、家族のコミュニケーションも変わるから。

一田　暮らしをよりよくするっていうことと、整理収納がセットなんですね？

Emi　いちばんのベースは家族のコミュニケーションをよくすること。気持ちのもやもや、家族のストレスって、すぐは解決しないでしょう？　でも整理収納って、すぐに結果が出る。空間と心はつながっているから、ちょっと絡まった糸がするっと解けていくような気がして。

一田　Emiさんにとって「片づけ」ってなんなのでしょう？

Emi　**片づけって、やりたいことをやるためにするものだと思っています。**だから目的じゃなくて通過点。最大のパフォーマンスを出すためのしくみづくりだと思います。日々生活していると、疲れている時もあれば、落ち込むこともありますよね。それでもきちんと仕事をし、なんとか家事を回していくために、出張に行くための持ち物リストを作っておいたり、ラクにする料理ができるしくみを考えたり。

一田　私は「前もって準備をしておく」ってことが大の苦手で、いつも感覚で動くんです。でも、今まではそれで乗り切れてきたけれど、人生の後半になったら、感覚と勢いだけでは乗り切れないんじゃないかと思ってきて。

Emi　整理収納のいちばん根本に「価値観の明確化」っていうのがあるんです。つまりどう生きたいかってこと。でも、これってひとりで自問自答しながら見つけるのは難しいもの。だから、誰かと一緒にするのがいいなって思います。今回も、一田さんと一緒にクローゼットを片づけた時、一田さんが60代、70代になったら何をしていたいですか？って聞きましたよね。

一田　そうそう、そんなこと考えてもいなかった（笑）。私はおばあさんになっても文章を書いていたいんだって答えたんですよね。そうしたら家にいる時間が長くなって、選ぶ服も数も変わるのでしょうね。

Emi　ひとりで自分のスイッチを入れられる人はなかなかいないから、この本の出版を機に、「#大人の片づけプロジェクト」で、みんなどうやって価値を決め、そしてどんな「引き出し1個作戦」を始めたのかをシェアするのもいいかも。

一田　それいいですね！　私もまずは引き出し1個から始めてみます。手を動かしていたら、人生の後半の風景が、見えてきそうな気がします。

整理の基本の「き」

部屋全部を片づけようと思うから気が重くなるもの。まずは引き出し1個から。ただし、その整理には、片づけすべてに共通するルールが隠されていました。

洗面所の引き出しには、コンタクトレンズを収納。その他はぐちゃぐちゃ。

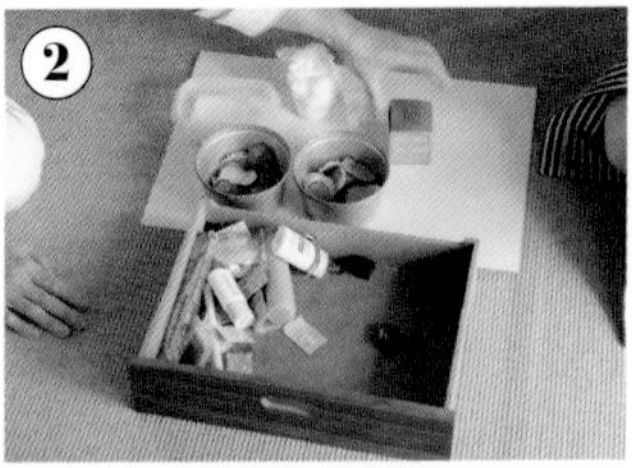

まずは、紙を敷いてその上に、引き出しの中身をすべて出していく。

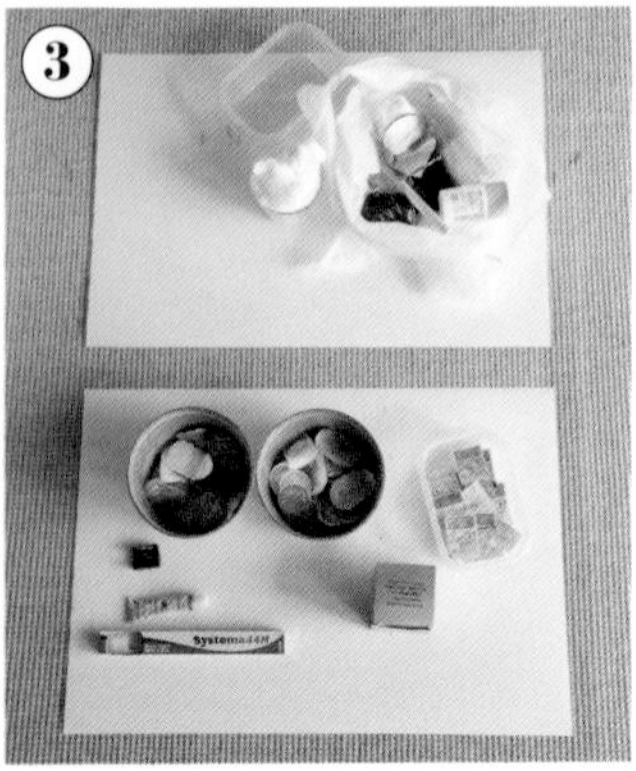

すべて出し終わったら、必要なものだけを手前の紙の上に移動させる。

引き出し内の仕切りには、紙袋をカットして組み合わせる。これなら簡単！

ストック分もすべて出して、この引き出しはコンタクトレンズ専用に。その他のものは別の引き出しに。

2章

一田家の片づけ術

［ 一田家の片づけ術 ］

Kitchen

台所編

キッチンの片づけは、買い物から始まっているなあと思います。どんな鍋や保存容器を買うか。手間をかけず使って、洗って、しまえる道具って何なのか？

家の中でいちばん出し入れが多い場所。だからこそ無理をせず、理想を追いすぎず「当たり前」に片づけられたらいいなあと思います。食べ物にまつわる場所だから、清潔感にも気を配りたいもの。整理整頓はおいしい時間につながっている。そう考えればちょっと頑張れそうです。

生涯これでいい、という
鍋を決める

シンク下にラックを組み込み、鍋、ボウル、ザル、バットをすぐ取れるよう収納。

我が家のキッチンは、ほぼごちゃつくことがありません。この事実に気づいて、自分でもびっくりしてしまいました。このいい加減な私が？　どうしてなのか、改めてじっくり考えてみると……。そうか！「いつも使う道具」が決まったからだ！　と気づきました。煮物や味噌汁など、ほとんどのおかずは「有次」で買った、アルミのやっとこ鍋で作ります。持ち手がなく、「やっとこ」で持ち運びするこの鍋は、入れ子になるので、しまう場所を取らないのがいいところ。30代半ばに買ったので、もう20年以上使い続けていることになります。5サイズがあって、いちばん小さなものは、絹さやを茹でたり、茹で卵を作ったり。2番目は味噌汁を。3番目は肉じゃがなどを。4番目で出汁を取り、いちばん大きなものは、蒸し器をのせて使います。この他にフライパンが2個。「柳宗理」のボウルとザルが4個ずつ。アルミのバットとホウロウの薄手の密閉容器が4～5枚ほど。

基本のおかずは、これで事足りるので、夜洗ってキッチンワゴンの上に並べて乾かしておき、朝シンク下にしまえば、たちまちすっきり！　というわけです。若い頃は、仕事柄、撮影で新しい道具を見るたびに「わあ、かわいい！」「わあ、便利そう！」と次々に手に入れていました。でも、煮魚用にいいという楕円の鍋は、しまいにくくて、奥に入れっぱなしになりました。美しいガラスのボウルは、見た目はきれいだけれど、結局ステンレス製のほうが手入れがしやすいとわかりました。ひとつ、ふたつと手放して、自分にとって必要なものの数がわかったとき、キッチンは散らからなくなりました。

ということは、収納スキルをアップする以前に、毎日何を使うかが大事なんだ、と改めて認識しました。無理せず、何のストレスもなく使える「一生もの」を決めることができたとき、「今あるもの」と自分の「必要」の数が、ピタッと一致して、ズボラだって、難なく片づけられるようになります。

我が家のキッチンでは流し台の下に、すべての必要なものがそろっています。いちばん上がボウルとザル、2段目が5つの鍋、3段目がバットと分けられて、出し入れも戻し場所も明確。その横の扉を開けると、フライパンと油などの調味料の大ビンが入っています。毎日使うのはここだけ。つまり出して、使って、しまって、という作業が極めて単純で、ほぼ移動せずにできるというしくみ。

今までたくさんの「いいもの」を見てきたなあと思います。あれこれ買ってみて、散財と失敗を繰り返し、やっと「私にはこれだけあればいい」と思えるようになったのが、50歳をすぎてからです。

「これが使いやすいかな?」と手に入れて、「でもやっぱり」と手放す。そんな足し算引き算をして、自分にとってのベストな「数」を見つけ出すには、それなりの時間がかかって当たり前。だから、焦らなくていいのだと思います。みんな、毎日ご飯を作り続け、毎日片づけ続けるうちに、いつかきっと自分だけの「数」を見つけられる日がやってくる……。5つの鍋と4つのザル&ボウルと5枚のバット。それだけで満足できる自分になれたことが、ちょっぴり誇らしく思える今日このごろです。

自分にとって必要な、調理道具の数を決める

先に見た目を整える

スチールラックにかごと「無印良品」の引き出しを組み込んでパントリー代わりに。

私の片づけの基本は「見えるところだけきれいならいい」です。引き出しや、扉の中、収納ボックスの中までこまごま整理しなくていい。そう割り切ったら、片づけがとてもうまく回るようになりました。若い頃は、どこもかしこも、ピシッと整っていないと恥ずかしい……と思い込んでいたなあ。たまに取材を受ける前の日は、「どこを開けられてもいいように」と必死に片づけたものです。

今思えば、それが片づけられない原因だった気がします。部屋をすっきりさせるには、まず引き出しやクローゼットの中を整理することから、という王道プロセスを目指していると、いつまでたってもスタートできません。「この引き出しもまだだし、あっちのボックスもぐちゃぐちゃ……」と現状を見ただけで、もう何もする気がしなくなります。

その順番を逆にして、「まずは、部屋の見た目だけをきれいにしよう」と目に触れるテーブルの上、チェストの上などを片づけると、ほんの少しの時間でたちまちきれいに！　「お〜、気持ちいい〜！」とご機嫌になると、「だったらついでにちょっと引き出しの中も整理しようか」とエンジンがかかるというわけです。そして、「見えるところだけをきれいに」しようとすると、必然的に「見えないところ」にも手をつけざるを得なくなるのです。

我が家でいちばんごちゃつきやすいのは、キッチンのコーナーにあるオープン棚です。スチールラックにかごを組み込み、乾物や缶詰、スパイスやお茶のストックなどをポイポイ放り込むスタイルにし、パントリー代わりに使っています。普段はなんとなくものが収まっていますが、スーパーに行ったついでに、「あれ？　もうなかったかも？」と買ってきた高野豆腐や切り干し大根、車で出かけたついでに「重たいものは買っておこう！」と、3パックセットを2個、3個と買ってきたツナやほたて貝柱の缶詰をドサッと放り込むと、たちまち溢れ出し、それを無理やり突っ込んであっという間にぐちゃぐちゃに……。

すると、棚の見た目がどんどん「放りっぱなしなんだよな」「だらしないな」と語り出します。しばらく見ないふりをしていても、心のどこかに引っかかっていて、生活がすさんでいきます。

ある日「あ〜、もうダメ！　もう我慢できない！」となって、しぶしぶ片づけ始める……というのがいつものパターンです。整理整頓が得意な人は、定期的に中身を見直すとか、買い物してきたものをしまうたびに整える、などこまめに整理をするのでしょうが、私の場合は、この「見た目スイッチ」が入った時だけ、というサイクルです。

「いつもきれい」は理想だけれど、忙しい日々の中でそれは無理。だったら、ちょいちょい、きれいに戻すだけでいい。いつもベストじゃなくても、ベターをキープできればいい、と思えるようになったのが、大人になった証しかなあと思います。見た目が気になるのは、心に少し余裕があるということでもあります。そのサインを見逃さず、「よし！」とすぐに動き出すのが、自分の中に眠っている力を片づけに上手に利用するコツ。「もう我慢できない！」という「見た目スイッチ」はなかなか有効です。

「見た目」のごちゃつきが、我慢できなくなったら片づける

キッチンワゴンの底力

キッチンワゴンは、すぐ使うものの収納と、調理、配膳台を兼ねている。

5年ほど前に「イケア」でキッチンワゴンを買ってから、キッチンが散らからなくなり、作業もぐんとしやすくなりました。我が家はI型のキッチンなので、収納場所はシンク下と吊り戸棚のみ。よく使うものをまとめてしまっておき、上は作業台にもなるワゴンか棚を置いて、アイランドキッチンにできたらいいなあとずっと考えていました。そんな時、取材で訪れたお宅で目にしたのが、このキッチンワゴンだったというわけです。掃除がしやすいステンレス製で、何の飾りもないシンプルさがいい。「高そうですね〜」と聞くと、「イケアで3〜4万円だったよ」とのこと。さっそくその週末、買いに出かけました。

ただ、お店で実際に見てみると、57㎝×87㎝というサイズはかなり大きめ。もうひとつ小さなサイズの別のワゴンと迷いに迷って、やはり予定通りのものを買いました。これが大正解! 密閉容器からトースターまで、よく使うものすべてが、これ1台に収まりました。小さなサイズを選んでいたら、結局しまい場所が足らなくなって、もうひとつ何か棚を買い足さなくてはいけなかったかもしれません。もし、新たに収納家具を買い足すことを考えるなら、「ちょっと大きすぎるかな？」と思うものがおすすめ。一か所にすべてを集約できる、というのは手間をかけずに片づけるために、とても有効です。

この収納が成功したポイントは2つ。ひとつ目はキッチンで過ごす「時間」に寄り添っているということ。ワゴンには、「無印良品」のアイアンのかご4つをセットしています。このかごに、使う時間ごとにものを分類。「モーニング&ランチ用」のかごには、朝いちばんにポットに詰める番茶とコーヒー用の豆、昼食で使うパン皿や紅茶用ポットを。「夕飯の準備用」のかごには「ジップロック」のスクリューコンテナと保存袋を。出汁をとったらいちばん大きなサイズのコンテナに入れて冷凍し、サイズ別に立ててある保存袋には、半分使った野菜の残りを入れて冷蔵庫へ。「夕飯後の片づけ用」のかごは、「野田琺瑯」の密閉容器を入れておき、あまったおかずを鍋から移します。「しまうため」の収納だと、すぐぐちゃぐちゃになってしまうけれど、「使うため」の収納は、1日の流れをスムーズにしてくれて、片づけもラクチンです。

もうひとつのポイントは、360度どこからでもすべてが見通せるということ。どうやら、私は見えないと、後先考えずにどんどん放り込んでしまう、という「ズボラスイッチ」が入ってしまうよう。ワゴンは、すべてが丸見えなので、面倒くさがりの私でも、自然にきちんとサイズ別に分けて並べたり、重ねたり、という手間を億劫《おっくう》に思わないようになりました。

このワゴンは、私が手がけた「収納のカスタマイズ」でした。既存のスペースに合わせてしまうのではなく、自分の時間に合わせて収納をつくる……。やってみてわかったのは、自分の過ごし方、1日の流れに添っていれば、私のような面倒くさがりでも、きちんと片づけられるようになる、ということでした。

家中のあちこちに、もっと私の「時間をしまえる」スペースがあれば、片づけがもう少し上手になるかもしれません。今、無意識にものを押し込んでいる場所を日々に合わせて見直してみたくなりました。

「使う時間」によってものを分類する

ものが多くても、
片づいた風に見せるテク

窓辺に並べているガラス製の容れ物はすべて古道具屋さんで見つけたもの。

キッチンでよく使うもののほとんどを、シンクの前の出窓に並べています。お玉やヘラなどのレードル類、塩や砂糖、酒、醤油、みりんといった調味料、オリーブ油、ごま油、サラダ油の3種類の油、そして、出汁をとる時に使う昆布と鰹節、そしてお米。こうして書き出しただけでも、かなりの量です。

私は、片づけは苦手ですが、「片づいた風」に見せることは得意です。この出窓コーナーも、「ひっかかり」を何度も修正してきました。やっと自分好みに整った理由は、ものは多いけれど、それぞれを「ひとかたまり」に見せたこと。レードル類は最初大きめのガラスのコップに入れていたのですが、足元までが目に入るとごちゃついて見えたので「野田琺瑯」の大きめのピッチャーを用意。これだと見えているのは、お玉やフライ返しの上1/4ぐらいなので、ものが多い印象が抑えられます。

醤油や酒、塩や砂糖、油類などの調味料はアルミのバットにまとめて。バットを使ったいちばんの理由は、いちいちひとつずつものを持ち上げて下を拭くのが面倒で、バットごと持ち上げて拭き掃除をするためでした。でも、こまごましたものがバットによってひとかたまりに見えることで、バラバラ感がなくなることを発見しました。

新たにものを並べたら、1日それを眺めながら過ごします。どんなに整然と片づいていても、気に入らないこともあります。使いやすくものが並んでいるのに、「あ〜、この容れ物、丸じゃなくて四角でピシッと並べられたらいいのに」と気になったり、「このフタが水色じゃなかったらよかったのに」ともやもやしたり。もしかしたら、私にとって、片づけよりも「自分好みの見た目をつくる」ことのほうが、ずっと優先順位が高いのかもしれません。整理収納は、あくまでそれをキープするための手段。

「生活感」が、ごちゃつきになるか、それとも温かい暮らしの風景になるか、その境目が、自分らしい「見た目」に変換することだと思います。いつも使う道具や調味料が、その人が選んだボトルやキャニスターに移し替えられ、いつもの料理の手順に沿った位置に並べられたり、吊るされていたりする風景の中には、「おいしいルール」があります。毎日ご飯を作り続けるからこそ、生まれた「生活感」は、決してイヤなものでなく、どこかの雑誌の真似でない、借り物でない、暮らしを感じさせてくれます。

だからこそ、なんとなく容れ物が気に入らないと感じたら、腑に落ちるものが見つかるまで、とことん探す……。そんな「最後の仕上げ」が大事。我が家の出汁昆布と鰹節、そしてコーヒー用のペーパーフィルターをしまったガラス瓶は、福岡県の吉井にある骨董屋さん「四月の魚」で見つけたものです。お店でひと目見て、「ああ、キッチンにぴったり!」と思ったのでした。味わいのある古いガラスの四角い箱は、昆布や鰹節など、いたって日常の食材をおすまし顔に変えてくれます。片づけが下手だって、自分が家で過ごすひとときを愛おしく思えば、心地よく暮らすことはきっとできると信じています。まずは、見た目を我が家好みに変えることから始めるのもいいかもしれません。

「見た目」にこだわって、キッチンを整え直してみる

冷蔵庫整理は、
買い物サイクルがポイント

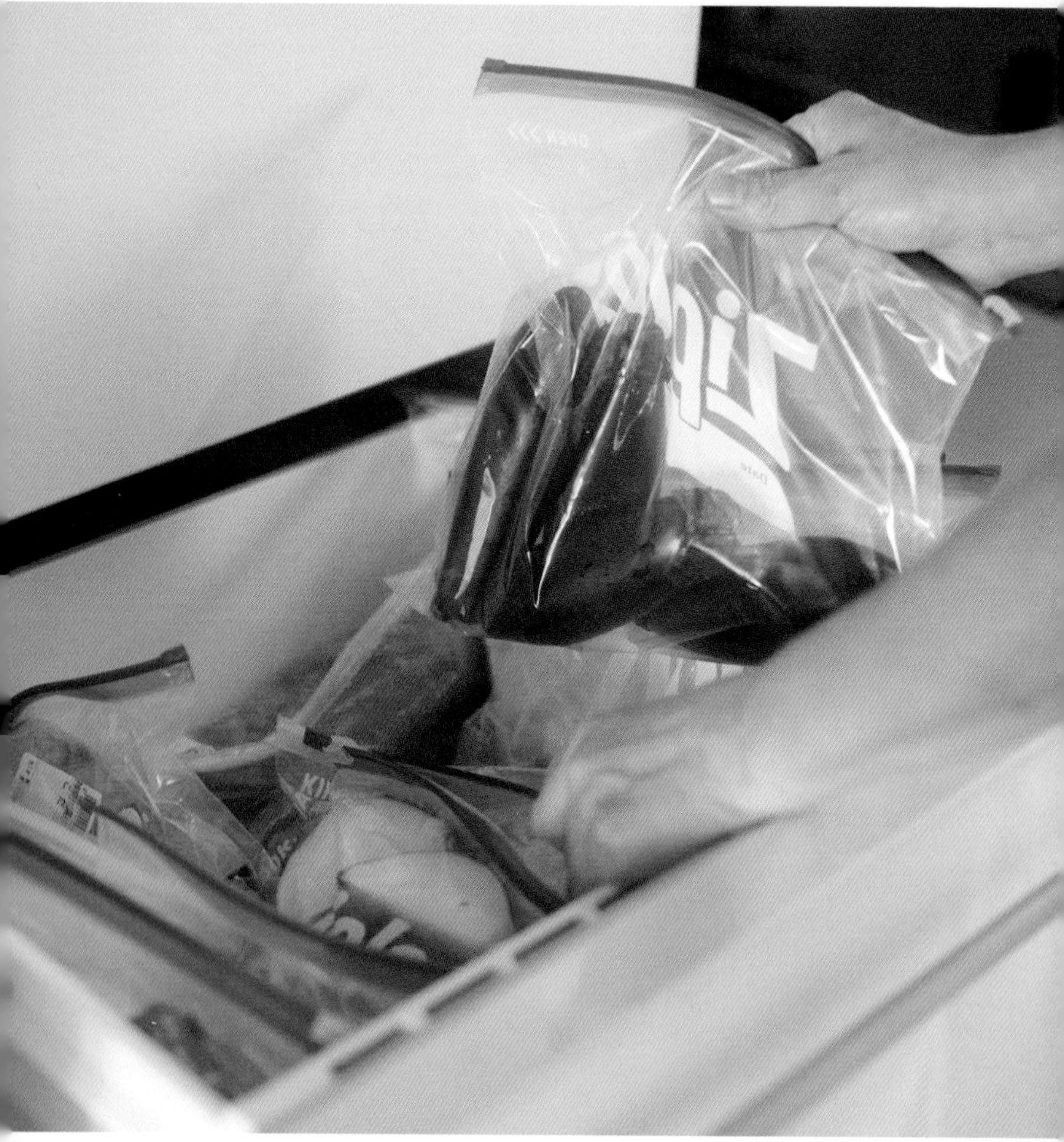

野菜は買ってきたらジッパー付きの密閉袋に入れて立てて収納。

コロナウイルス感染症によるステイホームを経験して、いちばん変わったのが日々の食材の買い物でした。以前は、その日食べたいものをその日に決め、仕事帰りにスーパーに立ち寄って買う、というスタイルでした。肉や魚の冷凍はしないと決めていました。冷凍すると、まだあるのに忘れて新しいものを買い、きちんと使い切ることができないとわかっていたので……。

それが、コロナ禍になって買い物は週に1～2回に。使いそうな食材をとりあえず買ってストックしておき、夕飯前に冷蔵庫にあるものを確認してメニューを決めるという、私が苦手とするパターンになりました。強制的にこの方法しか選べないとなると、たちまち冷蔵&冷凍庫が満杯になります。こうなると、「適当に突っ込んでおく」と、どこに何が入っているのかがわからず、夕飯の準備をするたびに、野菜室や冷凍室を引っ掻き回さなくてはいけません。やっと重い腰を上げ、冷蔵庫全体の整理整頓に取り掛かりました。

とはいってもルールはひとつだけ。とにかく買い物から帰ったら、そのままの状態で冷蔵庫にものは入れない、ということです。野菜はビニール袋から出し、ジッパー付き保存袋に移し替えます。葉物野菜や、5個入りのナスなどはLサイズに。3個入りのトマトやレンコンなどはMサイズに。みょうがや大葉などはSサイズに。3種類のサイズに統一することで、野菜室の中にきちんと立てて並べられるので、どこに何があるか一目瞭然。肉や魚はトレイをはずしてラップに包み、これもジッパー付き袋に、肉用、魚用と分けて入れて立てて冷凍します。どれも中身がなくなると、洗って再利用。

でも、整理整頓のために何より有効だったのが、冷蔵庫がスカスカになるまで、買い物に行かない、ということでした。食材が少なくなってくると、つい買い足したくなります。そこをぐっと我慢。冷蔵庫を開けて、何にも入っていないように思うけれど、かろうじて残っていたナス1個とパプリカ半分と新玉ねぎ半分と豚バラ肉を使い、野菜を豚肉でくるくる巻いてフライパンで焼き、醤油麹で味をつけます。「お～、なんにもないと思っていたのに、立派な一品ができちゃった～！」と思わず嬉しくなります。

暮らしの中に「使い切ってから買う」というサイクルをつくることで、冷蔵庫を一定周期でリセットすることができ、「何が残っていて、何が足りないか」という食材の把握がぐんとラクになりました。スカスカになったところで、野菜室の中に散らばった玉ねぎの皮などをはらうなども難なくできます。

どっさり入ったものを整理しようとすると、時間もスキルも几帳面さも必要です。そのどれもがない！　というなら、「買い物の回数を減らす」という、別のアプローチから入ればいい。この経験は、自分が苦手な「整理整頓」はさっさと手放して、「管理する量を減らす」ということできることを見つける大切さを教えてくれました。買い物に行けないという状況がなかったら、私はこのことに気づかなかったと思います。片づけがどうしてもうまくいかない場合、ものの「出口」と「入り口」をチェックすることが有効。偶然知ったこのセオリーを、他の場所の整理整頓にも応用してみようと思っています。

冷蔵庫がスカスカになるまで買い足さない

1年に数回しか使わない器があってもいい

グラタン皿は伊藤まさこさんと内田鋼一さんのコラボ商品。木皿は富井貴志さん作。

毎日、食器棚から器を取り出すたびに、「ああ私、この棚の左上にある器だけでも生きていけるなあ」「もし、老後に小さなアパートに引っ越さなくちゃいけなくなったら、この2〜3枚で事足りるだろうな〜」と思います。

15年前に、築40年の平屋というこの家に引っ越してきたとき、器が大好きな私は、いちばん最初に「大きな食器棚を買おう」と決心しました。古い家は、ふすまと障子が多く壁が少ないので、食器棚を置けるとしたらここだな……と狙いをつけたのは床の間でした。本来は掛け軸や花を飾るハレの空間。でも、「ここしかない」とサイズを測り、ぴったり収まるものを探しに探して、やっと見つけたのが、今の我が家の食器棚です。

この食器棚の中には、用途別に器を分類してしまっています。まず左の上段が大皿類。我が家のご飯は、煮物も炒め物も大皿にどさっと盛って取り分けるというスタイルなので、食卓の主役になる5枚をここに。その横には、胡麻和えや、冷奴など小さなおかずを盛り付ける中鉢を。右半分は上段に漆器と飯碗を。下段は主に飲むための食器を。大小さまざまなグラスはまとめて1段に。

大好きなポット類は同じ棚にずらりと並べて。

夫には「こんなにたくさん必要ないだろう」と言われるのですが、2〜3か月に一度ほど作るグラタンは、専用のグラタン皿を使いたいし、秋にしか食べないサンマの塩焼きは、1尾が丸ごとのせられるように、と買い求めた長方形の木皿にのせたい。他のもので十分代用できるし、出番は年に数回しかなくても、「そうそう、あれあれ！」といそいそと器を取り出すのが楽しいのです。

最低限しか持たない、と決めればご飯を食べるために必要な器は、飯碗、汁碗とお皿2枚ほどで足りるはず。でも、「なくてもいいけれど、あったほうが楽しい」器は、何気ない日常に幸せを運んでくれる大切なツールのように思います。持ち物は少ないほうが整理整頓が楽だし、すぐに片づきます。でも、1年に数回しか使わない器も、私の「お楽しみ」にはなくてはならないもの。要、不要では分けられない、数字では割り切れない価値だってある。暮らしに必要なものの数というのは、人によって違います。

もしこの食器棚が置けない部屋に引っ越すなら、ここから最低限必要な器を、きっと簡単に選び出すことができると思います。よく、「整理整頓のためには、まずものを減らすことから」と言います。でも、ものを上手に減らすようになるためには、ものと過ごした楽しい記憶があってこそだと思うのです。この器なら、どんなおかずも受け止めてくれる。このパンツなら、足が太い私もシュッとスマートに見せてくれる。この椅子なら、座っても腰が痛くなくて、本をゆっくり読むことができる……といった具合に。

人生後半に、少しずつ暮らしをダウンサイジングしていくとしたら、幸せな気持ちでものを減らしたいなあと思います。多くのものを、ワクワクしながら使った記憶があれば、たった1枚の器しかなくても、食卓はきっと豊かになる。だから、まだ今は、私はこの大きな食器棚とともに、しばらく器生活を楽しみたいと思います。

食器の要・不要は、使う時のワクワク度で決める

［ 一田家の片づけ術 ］

Living room

リビング編

食事をしたり、くつろいだり。暮らしの中心となる場所だから、心地よく整えておきたい……。そう思うものの、忙しい毎日の中で、こまま片づけるなんてとても無理です。

そこで、有効なのが、暮らしの中にリセットタイムをつくること。掃除の前に部屋をいったんまっさらな状態に。食事の際には、食卓の上をなんにもない状態にしてからおかずを運ぶといった具合。片づけだけに向き合うより、1日の流れとセットにすれば、続けられそうです。

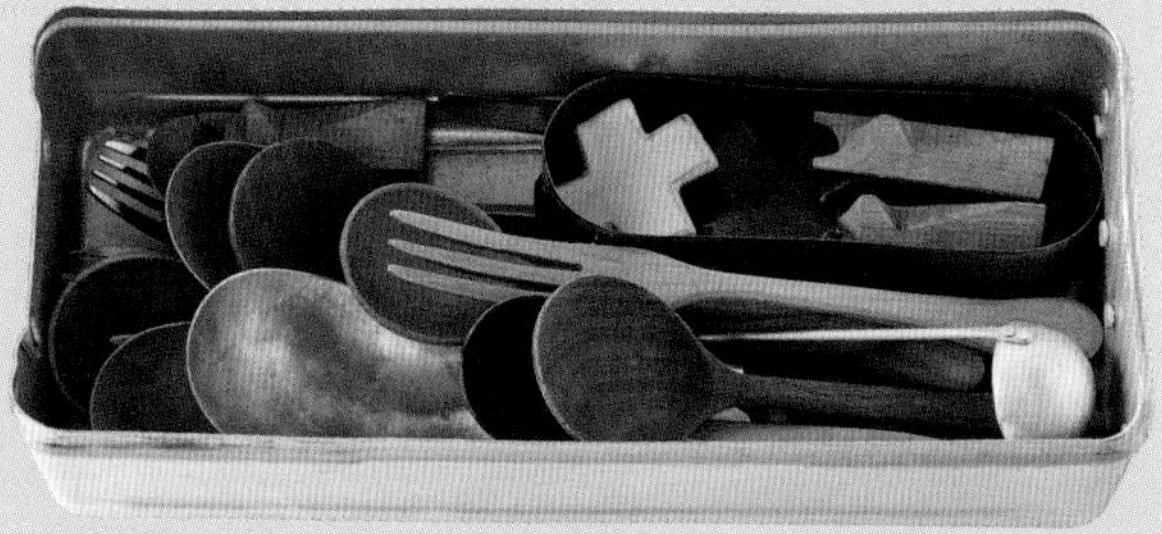

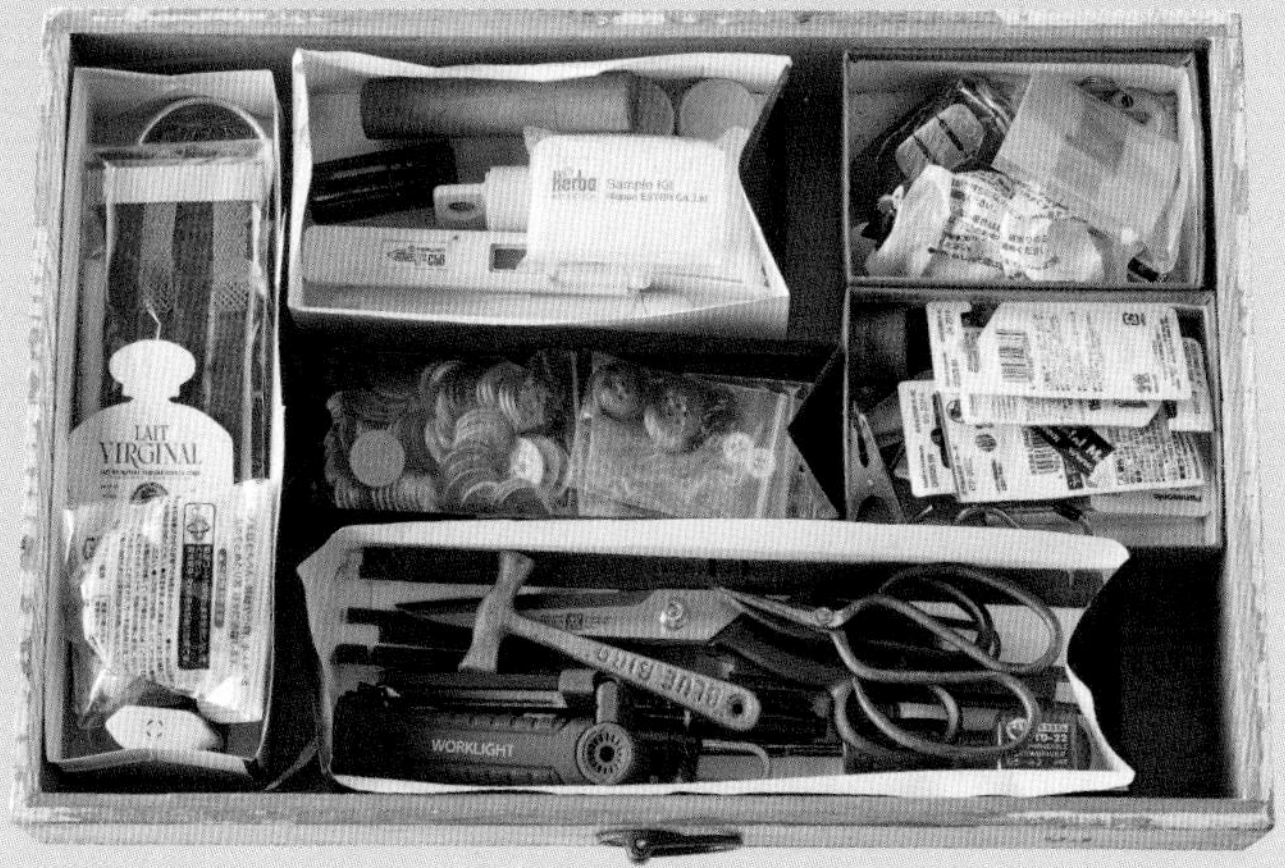
LAIT
VIRGINAL
WORKLIGHT

わざわざ片づけ時間を
つくらない

リビングのチェストの上の引き出しに紙袋で仕切りを作り、文房具や鍵などを整理。

引き出しの中まではこまごま片づけない、というのが、私ができる片づけ方だとずっと思ってきました。だから、リビングのチェストの上にのせた小引き出しも、食卓の上に置いたカトラリーケースも、中はぐちゃぐちゃ。でも「ま、いいか」と自分で自分を納得させてきたのです。

そんな時、整理収納アドバイザーのＥｍｉさんに教えてもらったのが、「引き出し1個分だけを片づける」という方法でした。夕飯を食べ終わった後に、いつもならテレビを見ながらダラダラしている時間を使ってリビングの引き出しを、思ったより早く帰れた日に、デスクの上に並べたファイルボックスのひとつだけを、という具合です。つまり、たまたま手に入った数分間を小さな一か所だけを整理するために使う、ということです。

たった1個の引き出しを片づけたところで生活に大きな変化はありません。でも、これが思っていた以上に効果的だったのです。私は、何か行動を起こしたら、必ず「成果」を手にできなければ気が済まないタチでした。手間と時間をかけるなら、それに見合った「見える効果」がなければ意味がない。ちっぽけな効果なら、やらないほうがマシ。そう考えていたのかも。

でも、引き出し1個だけでも、すっきり整った姿を見ると、なんだかワクワクします。それはきっと、「手を動かせば必ずきれいになる」という小さな達成感が嬉しかったから。今日はこの引き出し1個だったけれど、明日また時間があったら、もうひとつ引き出しをきれいにできるかもしれない……。まるで、「片づけモード」のエンジンがブルルンとかかったようでした。

家中の整理整頓と聞くと、膨大な時間をかけて、壮大な決心とやる気を持って取り掛かる一大プロジェクトと思いがち。だから、なかなか取り掛かることができないし、「私には無理」とあきらめてしまいます。でも、実は片づけは、いつもの日々の中にあるものなんだ！　そう知った時、片づけに対する時間の使い方が、くるりとひっくり返った気がしました。

つまり「片づけるため」とわざわざ時間をつくるのではなく、いつもの暮らしの中に、「小さな片づけ」を組み込むということ。おやつを食べる、雑誌を読む、テレビを見る……と同列に「どこか一か所を片づける」という項目を加えるということです。一度すっきり片づけても、生活を続けていれば、またごちゃついてきて当たり前。片づけは「一度やって終わり」ではなく、生活の一部として絶えず続けていくもののよう。だったら、頑張りすぎないで、肩の力を抜いて、「隙間時間でできること」をコツコツ足し算していく方法は、なかなか有効です。

この「引き出し1個だけ作戦」には、もうひとつの効果があります。見て見ぬふりを続けていると、どんどん目が「鈍感モード」に陥ってしまいます。そこに、10分だけ、15分だけ、という片づけタイムを組み込むことで、自然にきれいにすることの快感を思い出す……。もしかしたら、片づけに必要なのは「散らかったら自然に元に戻したくなる」というセルフタイマーを、自分の意識に仕掛けることなのかもしれません。

隙間時間に、引き出し1個だけ片づけてみる

永久保存版の本を手放す

読み終わった本は、取っておかない、と決めた。

今年になって、大量の本を処分しました。今まで毎年年末に本棚の整理をして、そのたびに不要な本を、本のチャリティシステム「チャリボン」を利用して減らしてきました。幾度もの「チャリボン行き」を免れて、ずっと本棚に残り続けてきた本は、20代の頃、魂を削られるような思いで読んだ小説や、擦り切れるほど繰り返し読んだ、憧れのスタイリストさんのエッセイなど……。でも、今回はそんな「永久保存版」と思っていた本も、「えいやっ」とすべて処分することにしたのです。どの本にも思い出がいっぱい詰まってはいるけれど、再び開いて読み返すことはきっとない、と判断したから……。

人生の後半に向けて、風通しよく生きたい、と考えた時、いちばん効果的な方法が、「これは絶対に大事！」と思い込んできたものを「本当にそう？」と問い直してみることなのではないかと思います。

若い頃から今まで、私にとって大事なことのナンバーワンは、「人に褒めてもらうこと」でした。いくら「自分のご機嫌は自分で取らなくちゃ」と言われても、だ〜れも褒めてくれなかったら、やっぱりつまらないと思うのです。ただ、褒めてもらえばニコニコし、褒めてもらえなかったら、どよ〜んと落ち込む。そんな自分のコントロール外にある軸で、ジェットコースターのように上下する気分と付き合うことは、かなりしんどいということもわかってきました。

いつか仕事がまったくなくなった時、つまりは誰かに「評価される」という舞台から降りた時、私はいったい何を楽しみに生きていくんだろう？　と考えるようになりました。おいしいものを食べる。小さな居心地のいい部屋をつくる。ゆっくり旅に出て、知らない町で夕焼けを見る……。あれこれリストアップするうちに、なんだか楽しみになってきました。「評価」というものの外側にある暮らしって、いったいどんなものなんだろう？　そこには何があるのか見てみたい！

若い頃から、いろんな経験を蓄積して、それを力に次に進むことばかりを考えてきました。でも、これからは、いかに経験を手放すかが大事になってくるのかもと思っています。コツコツと積み重ねたことに頼るのでなく、実はまったく違う場所の隅っこに隠れているまだ気づかぬ何かを拾ってみる……。

目的にむかってまっしぐらに走ることしか考えられなかった時期を経て、ちょっと脇道にそれ、寄り道ができるようになった昨今。そこで、見つけた小さな花を手にした時、ようやく私は「褒められないと気が済まない」という呪縛から解き放たれるかもしれません。

今回本を大量に処分する際、1冊1冊を手にしながら「ああ、あの頃はこうだったなあ〜」といろんなことを思い出しました。でも、整理整頓Dayまで、この1冊が本棚の隅っこにあったことさえ忘れていたのも事実です。家の中にも、心の中にも、こんな風に「これは大事」としまい込み、なのに「そこにあること」さえ忘れているものがたくさんあります。それを掘り起こしては手放す。片づけの役割は、ものや経験に風を通して、「循環」を引き起こすことのような気がします。

「これは絶対大事！」を「本当にそう？」と問い直す

「かっこよさ」より
「わかりやすさ」を優先した収納に

マスキングテープに中身を書いて貼っておく。汚い字でも気にしない！

古道具屋さんで見つけた古い木の救急箱、持ち手がついた鉄の道具箱、クッキーの空き缶……。四角い箱を見るとつい欲しくなって、見つけるたびに持ち帰っている時期がありました。「収納に使えるから」という言い訳しながら、「この箱は薬、こっちは裁縫道具、こっちは文房具」と日用品を分類してチェストの中に組み込むと、扉を開けると箱がずらりと並び、その姿がかわいくて、お気に入りの「箱収納」になりました。

でも……。確かに見た目はいいのですが、出し入れが面倒くさい！ 2段、3段と重ねた箱の一番下に入っているものを取り出すためには、まずは上の2つの箱を出さなくてはいけません。さらに使って元に戻すには、また上の箱を移動していちばん下の箱のフタを開けなければいけません。結局元の箱に戻すのが面倒で、出したものを、箱の手前のわずかな隙間にずらりと並べるようになり、箱と雑多な小物が入り混じりました。

ここで学んだのは、収納グッズ選びには「機能性」が欠かせないということ。そこで、一大決心をしチェストの中の木箱をすべて人に譲り、「無印良品」のファイルボックスを並べることにしました。幅が狭く、奥行きがあり、チェストの高さぴったりに収まるファイルボックスは、空間を無駄なく仕切るのに最適！　薬やＤＩＹグッズなどを、ジャンルごとに分類しておけば、ポイポイ放り込むだけで片づきます。これで元に戻すことが億劫にならなくなりました。

私は優等生体質で、「人からどう見られるか」が人一倍気になる性格です。「暮らし回りのライターだから、自宅だっておしゃれじゃなくちゃ」。どこかにそんな思いがあったと思うし、今でもそれは残っているかも。でも、「持続可能な片づけ」を構築するために、いちばんネックとなるのが、この「見栄っ張り」でした。「ちょっと人とは違うグッズを使ってプロっぽく見せなくちゃ」。そんな思いが強すぎると、淡々と繰り返す日常の中で、「出したらしまう」という地味な作業を続けることができません。

例のチェストの中のファイルボックスには、マスキングテープに手書きで「さいほう道具」とか「薬」などと書いて貼っています。昔の私なら、「テプラ」や「ダイモ」などで美しいラベルを作って貼らなくては、気が済まなかったでしょう。でも、手書きなら、たとえ入れるものが変わっても、ちょちょいとマジックで書いて張り替えればいいだけ。完璧を手放して、ハードルを下げることによって、整理収納に「お手軽さ」がプラスされた時、当たり前にコツコツと続けられる「自分の片づけ」が手に入るのだとわかってきました。

歳を重ねるにつれ、下手な字で書いたラベルが人目に触れたって、自分がよければそれでいい、と思えるようになりました。それはきっと、「外」より「内」が充実していればいいんだ、と割り切れるようになったから。ラベルがかっこ悪いというちっぽけなことよりもっと大切なことがある。意識を「そっち」に向けることができた時、若い頃なら恥ずかしくて隠したくなっていたことを、「これも私だから」と公開できるようになりました。「いいかっこしい」を卒業したら、片づけもちょっとラクになるのかもしれません。

多少ダサくても、ラクに続けられる収納グッズを選ぶ

日用品の収納は、メンテナンスが必要

押し入れに棚板を渡し、100 均で買ったボックスを並べて日用品を分類収納。

暮らしには「裏方の道具」が必要です。いつもは使わないけれど、絶対になくては困るもの……。かなづちやドライバーなどの工具をはじめ、荷造りのときに必要なガムテープだったり、蚊取り線香や湯たんぽなどの季節ものなど。めったに使わないから、どこにしまったかを忘れてしまい、毎回「あれどこいった？」と探すことがしょっちゅうでした。

片づけの目的のひとつが、「探す手間と時間」を省くこと。うちの夫は、出かける前に毎回「あれ？　財布がない」「鍵どこいったっけ？」「老眼鏡を忘れた」とドタバタしています。「しまうところを決めておけばいいのに」と言いますが、「ここに入れておいたはずなのに」とブツブツ。人ごとだと「ああ、探し物で人生の時間を浪費してるなあ」ということがよくわかります。

先日、1年ぶりに納戸代わりに使っている半間の押し入れを整理しました。押し入れは、収納力があるものの、奥に深くガランとした空間なので、こまごましたものの整理には不向きです。この家に引っ越してきた時、まずは棚板を作りました。両サイドの壁に細い角材を打ちつけ棚受けにし、ここにホームセンターでぴったりサイズにカットしてもらった板をのせます。押し入れ上段に2枚、下段に1枚の棚板をセットしました。この棚に百円ショップで買った、長方形のケースを奥と手前3個ずつ並べます。1ケース1アイテムと決め、日用品を分類しながら収納。この時、フタなしケースを選ぶのがポイントです。中身が全部見通せるので、どこに何が入っているのか一目瞭然。さらに使い終わったら、ケースにポイポイ放り込むだけで片づくのでラクチンです。

ただし、ずっと使い続けていると、「あ〜、奥のケースに戻すのは面倒だから、とりあえずここでいっか」と、ズボラをするように。その結果、だんだんケースの中身がぐちゃぐちゃになってきます。昔は、「あ〜あ、どうして私、元の場所に戻せないんだろう?」と落ち込んでいましたが、今では「忙しい毎日では、それで当たり前!」と思うようになりました。

だったら、ぐちゃぐちゃになったところで、リセットすればいい。「う〜ん、どこに何があるかわからなくなってきた」と感じたら、ケースを全部出して、入れ替えて、いちばん最初の状態に戻します。この時、「これはもう使わないな」

と思うものを適宜間引くのも大事な作業。

この経験から、収納には「メンテナンス」が必要なんだ、とやっと理解できました。つまり、片づけた後「ぐちゃぐちゃ」になってもいい、ということ。ここを受け入れられると、整理整頓がぐっとラクになります。収納とは、きれいに片づけて、使っているうちに崩れて、それをまた点検し、新たにその時にあったきれいな状態に戻す……。その永遠に繰り返されるループです。

できれば、ものを減らしたり、日々の習慣を見直して、この「散らかる」と「片づく」のループの落差を少しずつ小さくしたいもの。そうすれば、年々片づけがラクになっていくのでは？　とちょっと期待しています。片づけに「終点」はないのだと知っておくことが、片づけを受け入れ、上手につきあっていく第一歩のような気がします。

納戸の収納は、定期的に見直す

暮らしをリセットし、
ごちゃつきに気づく目を持つ

まずは食卓の上を片づけて、何もない状態にしてから掃除機かけを。

長年私は「掃除ができない女」でした。水回りだけは汚いと気持ち悪いので、イヤイヤながら掃除していたものの、ホコリがふわふわと舞っていようが気にしない……。それが、5年ほど前に掃除のプロを取材させていただいた際、「掃除は、汚れていなくても毎日します」「ただし1日30分以上はしないこと」という魔法の言葉を聞いたとたん、カチリとスイッチが入ったのでした。毎日、掃除をするからこそ、1回の掃除はいい加減でOK。ざっと掃除機をかけて、ホコリが残っていても、明日またかければいい。1日で完璧にきれいにならなくても、繰り返すことで平均的にきれいになるはず。このセオリーなら、大雑把な私にも「できそう」と思ったというわけ。

そして掃除が習慣化すると、掃除の前に必ず片づけをするようになる、という嬉しいおまけがついてきました。「さあ、始めようか」とホコリ取り用のクイックルワイパーを手にすると、「あれ？ ちょっと待って」とストッパーがかかります。食卓の上を見れば、読みかけの本や郵便物が散らばり、ソファの上には置きっぱなしの洋服や洗濯物が……。ついさっきまで気づかなかったあれこれが、「掃除モード」になると、突然見えてくるから不思議です。クイックルワイパーをちょっと脇に置いておき、まずは片づけから始めるようになりました。部屋中の出しっぱなしのものを所定の位置に戻したら、やっと掃除機のお出ましです。ここで実感したのが「掃除は片づけとつながっている」ということ。掃除機をかけるには、床の上に何もないことが前提だし、拭き掃除も、ものが散らかっていると、いちいちよけながらするのは面倒です。

ホコリとごちゃつきはとてもよく似ています。「掃除ができない女」だった時代、私にはテレビの裏の溜まったホコリや、ランプシェードの上のホコリが見えませんでした。出しっぱなしのあれこれが「見えない」のも同じことです。「掃除ができる女」「片づけられる女」になるためにいちばん大切なことは、「あごちゃついてきたな」「ホコリが溜まってきたな」と「感じられる」ことなんだとやっとわかりました。淡々と続く日常では、昨日の続きの今日がやってきて、知らない間に明日になります。その境目が曖昧だと、どんどん不要なものが溜まってしまう……。

部屋が散らかる原因は、いろいろなものを出しっぱなしにした上に、新たな「出しっぱなし」が積み重なっていくから。知らないうちに、これが少しずつ蓄積し「ごちゃつき」が日常化してしまうと、自分の「なんだか居心地が悪い」という気持ちもマヒしてきてしまいます。

「気づかない」から「気づく」へ切り替える方法が、暮らしの中に、「リセット」というスイッチを作ること。ざっくりとでもいいから掃除と片づけを毎日の中に組み込むことで、部屋は必ず「元の状態」へと戻ります。「いったんゼロに戻す」という習慣さえつくれば、「これはやばいぞ」というアラームを自分で鳴らせるようになります。

まずは毎日掃除機をかけてみることから。自分の目がクリアになった時、昨日とは違う暮らしのディテールが見えてくるのかもしれません。

大雑把でも毎日掃除をする

[一田家の片づけ術]

Closet

クローゼット編

おしゃれの達人のように、毎日がらりと違う服をあれこれ着こなさなくてもいい、いつも同じような格好でいいと割り切ることにしました。自分に似合うパターンを決めて「制服化」すればいい、と考えるようになって、おしゃれがぐんとラクになりました。

ただし、白シャツでも今年のものと去年のものは微妙にサイズ感や形が違います。「今」の風を取り入れて更新しながら、数を管理する。クローゼット収納のキモは「循環」です。

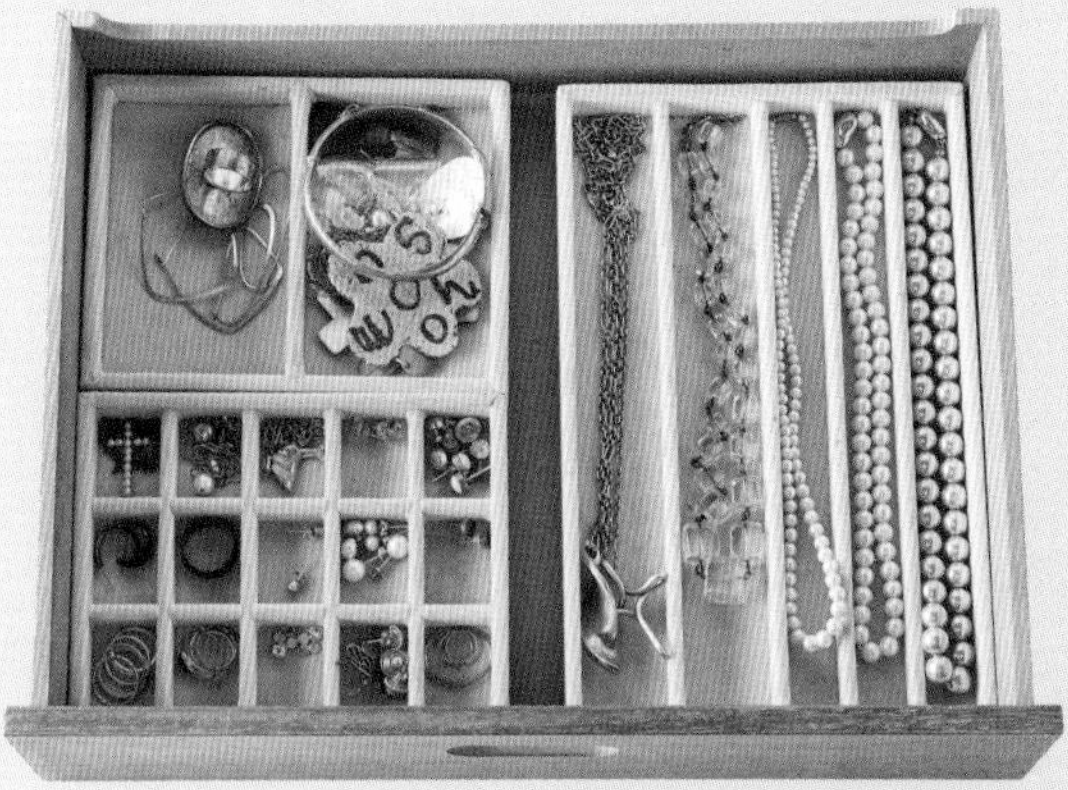

クローゼット収納の鍵は、ハンガー選びにあり！

トップスは起毛加工されたハンガーに。ボトムスは「マワハンガー」のパンツ用に。

この家に引っ越してきた15年前。押し入れをクローゼット代わりにしようと広い空間の中を3段に分ける棚を作りました。ここに、セーターやシャツ、パンツなどをたたんで並べることにしたのです。イメージは、セレクトショップなどにある陳列棚でした。

ところが……。これが大失敗！ 面倒くさがりの私には、服をたたんできちんと重ねる、ということはハードルが高すぎました。「とりあえず」と丸めて突っ込んでいつも中はしっちゃかめっちゃかでした。これはいかん！ と、棚を泣きながら解体。ポール2本を奥と手前に渡して、今度はシャツもセーターもパンツもすべての洋服を吊るす収納に。奥のポールがオフシーズン、手前がオンシーズンで、衣替えの際には前後を入れ替えます。こうして、やっとラクして取り出し、片づけることができるようになりました。

当然大量のハンガーが必要になり、百円ショップでおそろいのプラスチック製ハンガーを買ってきました。しばらく使っていましたが、しばらくすると、雑誌などでしきりに「すべり落ちないハンガー」や「かさばらない薄手のハンガー」が紹介されるようになりました。一気に……というわけにはいかないので、少しずつ買ってみました。トップス用には、スーパーで売っている、衣類がすべらないよう表面に特殊起毛加工のされたものを。幅40㎝のMサイズだと大きすぎて、シャツやセーターの肩にヘンなシワができてしまいます。幅38㎝のSサイズのほうが服をきれいな形でキープできると学びました。ボトムス用には、「無印良品」のものを少し使ってみた後、もう少しコンパクトなものを、と「マワハンガー」の「スカート、パンツ用ハンガー」で統一。

たかがハンガーですが、何を選ぶかで、クローゼットの中の風景がガラリと変わります。薄手のハンガーを使うと、かさばる洋服が、ギュッとコンパクトにまとまり、空間に余裕ができます。この「余白」こそが、毎日何を着ていくか「おしゃれ力」をアップさせてくれるのだと知りました。ギューギューに詰まっていないから、手持ちの洋服すべてを見通すことができます。これまで、私はそのシーズンになると、たくさん持っているはずなのに、2〜3枚だけをヘビーローテーションで着て、「いつも同じような服ばかり」という状態に陥りがちでした。それは、朝のあわただしい時間の中で、自分の服のほんの一部しか見えていなかったから。クローゼットに余白ができたことで、「今日はこっちのシャツにしようかな?」と選ぶという作業が可能になります。

私は、全体を大きく眺めてOKか否かを判断するタイプ。「細かいところは、ちょっと置いておいて、とりあえずはさ!」と言いたくなります。でも、クローゼット収納の成功の鍵は細部に宿っていました。ハンガー1本でも、「あ、これはちょっと太すぎる」「これはすぐすべる」とよりよいものを追求する……。その積み重ねで「かすかな使いにくさ」をひとつずつ潰していくと、ストレスフリーの収納が完成します。整理収納が上手になるためには、「ま、いいか」とあきらめないことが大事なんだなあと実感。日常の中の実験をコツコツ続けていけば、「私だけの使いやすさ」が手に入ると信じたいと思います。

薄手で、すべり落ちないベストハンガーを手に入れる

「出口」のある暮らしを組み立てる

今年買った「ア・ピース・オブ・ライブラリー」のワンピース。

今年の春夏シーズンに、新たに買った服を考えてみました。オンラインイベントなど人前に出る機会があったので、ワンピースを3枚。ちょっときれいめなコットンのパンツを2本。ピンタックの入った長袖の白シャツを1枚。カーキ色のロングシャツを1枚。こう書きながら、「あら！　もう7枚も買っちゃってる！」とびっくりしました。

つまり、クローゼットの中は、すでに7枚分のものが増えているということ。この調子でどんどん買い物をするから、どんどんギューギュー詰めになり、片づかなくなってくるのです。でも……。実際にこの「増えている」という事実を、自分の胸でちゃんと実感するということは、意外に難しいもの。欲しいから買う↓クローゼットにしまう↓知らない間に増える。といった無意識のループに陥りがちです。

洋服を取り出しやすく整理整頓するためには、「どうやって収納するか」という前に、まずは「買ったら増える」ということを自覚することが大事、というごく基本的なことに、やっと気づきました。つまり、「買う」と「減らす」

をセットにしないと、クローゼットは永遠に片づかないということです。よく「2年着ない服は処分」と言います。でも、2年前に買ったネイビーのシャツは、白シャツに比べて出番が少ないけれど、ずっと白シャツが続いた合間に変化球として着るには必要な1枚です。そんなことをぐるぐる考えているうちに、処分できなくなってしまいます。つまり、「2年着なかったら処分」というものさしでは、要・不要をジャッジすることができませんでした。

だったら、どうやって「増やさない」をしくみ化すればいいのだろう？ と考えました。そこで意識したのが数字です。今までは、買ってきたものを家でいそいそと着てみて、鏡の前でその姿をチェックし、「よっしゃ！」と大満足のうちにクローゼットにしまっていました。そこに「これでパンツが1本分増えちゃった」という「数の意識」をプラス。

すると「ネイビーのパンツってすでに2本あるんだったよな」「新しいこのパンツがあれば、もう1本の古いほうはもう穿《は》かないかも」と自然に考えるようになります。こうして、1本増えたら1本減らすという方程式を立てるようになりました。これが大正解。買った服と今ある服を比較検討し、これからのコーディネートを考える。そのプロセスの中で「これは3本も入らない」と引き算ができるようになりました。1枚のシャツや1本のパンツとだけ向き合っていると、「ああいう時には着るしなあ〜」と、ついあれこれ考えてしまうけれど、持っているすべてのパンツの中の1本と考えると、「これがなくてもあれでいける」と総合的に判断できるからなのかもしれません。

さらに、ものの量を少なくするためには、暮らしの中にものの「出口」をセットしなくてはいけません。でも、単に不要なもの箱をつくるだけではかたちだけの「出口」で終わってしまいます。きちんと自分自身が納得できる、心とつながった「出口」でなければ機能しない……。「よし、これいらない」ときちんと思えるしくみは、自分自身でないとつくれないのだと思います。

洋服を買ってしまうついでに、ワードローブ全体を見直す

ずっと変わらない
定番なんてない

着なくなった服をとりあえずケースに入れて、出すことがないと判断すれば処分。

50歳以上の女性のためのおしゃれのムック『大人になったら、着たい服』を立ち上げ、おしゃれの先輩を取材する中で、いちばん驚いたのが、みなさんが「失敗」を繰り返してきた、という事実でした。洋服が大好きで、あれこれ買って着てみても、なんだか似合わなくて。そんな鏡の前で絶望した時間が、知らないうちにその人の「センス」を磨いてくれる……。だったら、私は圧倒的に「失敗が足らないわ」と思ったのでした。

若い頃から、洋服1枚を買うより、ちょっといい器を買うほうがワクワクしたもの。清水の舞台から飛び降りるつもりで、漆のお椀を買ったり、作家さんの個展に出かけたり。だから今、器は「これが好き」とすぐに選ぶことができますが、洋服選びには、まだまだ自信がありません。

普段からパンツスタイルがほとんどで、イベントや人前に出るときだけワンピースを着る、というのが定番スタイルです。ずっと、自分にはシンプルでメンズライクな服が似合う、と思ってきました。でも……。あるセレクトショップオーナーに「イチダさんは、顔が丸くてかわいらしいから、ちょっと女らしい服のほうが似合うと思うよ」と言われてびっくり！　試しに、今までは絶対に選ばなかった襟元にフリルのついたシャツを買ってみました。すると、それを着て行くと、みんなに褒められるのです。「あれ？　もしかしてコレ、似合ってるっていうこと？」と思うようになりました。

歳を重ねてくると、誰もが中性的になるそうです。メンズライクな服を着て、ショートカットの私は、もしかして「おじさん化」していたのかも！　そこから、少しずつ選ぶ服が変わってきました。今は、ボトムスはシンプルに、トップスはフリルや細かいダーツなどがあしらわれた、ひと匙の「甘さ」があるものを選ぶようにしています。

こうして、選ぶ服が変わると、クローゼットの中に「かつてよく着た服」が溜まってきます。ほんの2～3年前に買ったのに、最近ちっとも着ない。そんな服を処分するのは難しい……。そこで、まずは着なくなった服をいつものクローゼットから出すことにしました。「無印良品」のソフトボックスを用意して、ここでしばらく寝かせて、もし着ることがあれば、再度取り出せばよし、ずっとこの中で眠り続ければ、処分すればよし。ワンクッション置くことで、処分する罪悪感を軽減し、クローゼットの中もすっきり保つことができます。

おしゃれの先輩に「『もう持ってる』は禁句」と教えてもらいました。同じチノパンでも、5年前に買ったものと、今年のモデルはフォルムが違います。ベーシックなアイテムでも、微妙な違いで「今年らしさ」が感じられるもの。「定番だから」とずっと更新しないと、「古びた人」になってしまいます。

ものを増やさないように、とは思うけれど、おしゃれに新陳代謝は欠かせません。だからこそ、クローゼット収納は定期点検が必要。「私に似合う服ってなに？」と問い続けることと、「今」にフィットした服だけが並ぶクローゼットはリンクしています。おしゃれに必要なものは、時の経過に合わせた風通しのよさなのかもしれません。

「着なくなった服」を仮置きする専用ボックスを作る

靴下の捨てどきを決める

夏と冬の終わりに見直して、不要な靴下を処分。このひとかご分だけの量をキープ。

靴下は、長年「無印良品」の押し入れ用引き出し1段にしまっていました。一年に数回整理するのですが、すぐぐちゃぐちゃに。しかも、ぐいぐい上から押し付けないと引き出しが閉まらないほど満杯！　出かける時に「あ〜、今日のパンツに合わせるネイビーの靴下が見つからない〜」とイライラすることもしょっちゅうでした。

靴下の消費期限ってどれぐらいなのでしょう？　数足を使い回してければ、そんなに傷まないいし、多少ダマができても、家ではまだはけるし……。でもはき続けていれば、確かにちょっとくたびれてきます。いつもの打ち合わせには、古いほうでいいけれど、初めてのお宅に取材に行き、靴を脱いでご自宅にあがる場合は、あんまりボロでもなあ〜と、定期的に新しい靴下を買い足します。こうして、どんどん増え続け、引き出しがぎゅうぎゅう詰めになるのでした。

一方下着は小さな引き出し1個分だけ。「シルクふぁみりぃ」でブラ付きキャミソール5枚、ショーツ6枚を、新年に「せ〜の」ですべて新しいものに取り替えます。この循環を、靴下にも取り入れればいいかも……と考えました。

下着を1年に1回全取り替えするようになったのは、途中で買い替えたり、買い足すと、どれが新しくて、どれが古いかがわからなくなり、「替えどき」が判断できないからでした。これは靴下でも同じはず。「だらだら買って、だらだら持ち続ける」ループを、どこかで断ち切らなくちゃ！　と胸に決めました。

私が持っている靴下には、2種類があります。ひとつは「パンセレラ」など、1足2800円ぐらいのちょっといい靴下。これは、上質な素材なので長くはき続けます。もうひとつは、3足1000円などリーズナブルな靴下。まず第一歩として、この「安いほう」を買う時に本当に必要な数だけにしよう！と決心。今までは、ネイビーの靴下が欲しいと買いに行くと、つい、白、グレーと色違いを3足でセット買い。それだけでは終わらず、足首までの短めをもう3足、と一度に6足を「2000円だし」と、何も考えずに気楽に買っていたのでした。この癖を直すべく、靴下屋さんに入る際に、満杯の引き出しを思い出し「1種類だけ！」と言い聞かせます。

こうしてデイリーな靴下は、少ない枚数をヘビーローテーションではき潰し、シーズンが終わったら思い切って処分。夏の終わりには、短いコットンの靴下は、洗ってからキッチンでウエスに使う、といった具合です。

以前おしゃれの先輩を取材させていただいた時、教えてもらった言葉があります。それが「大人なら白Tシャツは毎年買い替えましょう」というもの。まだ着れるかもしれないけれど、毎年夏になったら、パリッと新品のTシャツを着る。それが大人というもの……。この言葉を雑誌に紹介すると大きな反響をいただきました。「まだはける」靴下を処分する時には、胸がチクリと痛みます。でも、どこかに「終わり」をつくって潔く処分するということは、自分の生活を管理する上で大切なプロセス。それができれば、「何を持っているかわからない」から抜け出して、本当に必要なものを大切にする生活へシフトチェンジできるのではないかと思います。

靴下は、ワンシーズンで処分する

大人の
ジュエリーボックスを作る

若い頃、ボーイフレンドからプチジュエリーをプレゼントしてもらうのが何より嬉しかったもの。細いチェーンに米粒より小さなダイヤがあしらわれたネックレス。愛らしい赤いルビーの指輪。OLになると、ボーナスが出るたびに、自分へのご褒美と買い求めたり。そんなアクセサリーのあれこれがどっさりあって私のジュエリーボックスの中は、いつもぐちゃぐちゃでした。

ある時、取材で訪れた料理家さんが「大人になったら、30万円以下のおもちゃのようなジュエリーはしちゃダメなのよ」と語っていらしてびっくり！　え〜！　私そんな高価なもの持ってないし……と愕然としたことを覚えています。もちろん、それ以降もそんなジュエリーとは無縁ですが、そろそろあの甘酸っぱい思い出からは卒業しなくちゃ、と思うようになりました。

そこで、なんとなくとっておいた昔のジュエリーを姪に譲ったり、処分したり。最近では、あれこれアクセサリーをつけず、ピアスだけ、ということが多くなったので、ネックレス類は、ほとんど手放しました。そのかわり、母から買ってもらった真珠の3点セットを、冠婚葬祭だけでなく、デイリーにも使おうとリメイク。ネックレスの糸を変え、つなぎ方を変えて少し長めにし、留め金をシンプルなものに変えました。当時はイヤリングだったのでピアスに。

こうして、今の自分の年齢に合わせて整え直すと、その量はぐんと減りました。宝石箱に入れると、整理がしにくいので、「無印良品」の浅めの引き出しに、ジュエリー用のベロア素材の仕切りを入れて、取り出しやすく整理。好きなものをピュッとつけて出かけられるようになりました。

若い時の刷り込みを、もう必要ないのに持ち続けている、ということは意外に多いよう。「引っ張っていってくれる、包容力のある人と結婚したい」と思っていたけれど、フタを開けてみたら、私は自分自身の力で好きなことをしたい、やりがいのある仕事を自分で探したいのだと気づきました。だったら「守ってもらいたい」という願いは手放して、「同士」のように一緒に歩んでいければいい。相手に求めるものを変えたほうが、ふたりの関係はよくなります。

もうすでに「知っている」「わかっている」と思っていたことも、実はちっともわかっていなかった、と発見することは、とてもワクワクする作業だと思います。そして、新たな真実と出会い直していくプロセスこそ、人生後半のお楽しみ。何歳になっても「ああ、そうだったのか〜」と、自分の引き出しの中にあるものを定義し直していたいなあと思います。

持ち物もきっと同じはず。大切に宝箱の奥にしまっていたものが、もう輝きを失い、自分にとっては必要なくなっているかもしれないし、逆に、かつては見向きもしなかったものが、今からの人生に欠かせなくなってくるかも。大事なのは、思い切って足を踏み換えること。記憶の中の大切な思い出は、なかなか「もういらない」と否定することができません。でも、過去の自分とさよならして、寂しさや空っぽさを感じてこそ、新しい自分になる力が生まれるように思います。初めて小さなルビーの指輪をもらった思い出だけを胸に、これからは上質なパールを凛と身に着ける大人になりたいと思います。

思い出のジュエリーを思い切って手放す

Emiさんと一緒にやってみました

クローゼット見直し大作戦

上）リビングの押し入れに棚を作り、本棚に。下）寝室の押し入れをクローゼットに。服がギューギュー詰めだった。

我が家の収納で、私がいちばん頭を悩ませてきたのが、クローゼットです。自分に似合う洋服選びには、まだまだ自信がなく、「あれもいいし、これもいい」と迷うから、どんどん量が増えます。

今までは寝室の押し入れにポールを渡して、クローゼット代わりに使ってきました。今回、Emiさんに「片づけ」を教えてもらうことになり（P.46）、いちばんに相談したかったのが、ここです。まず、Emiさんが現状を見にきてくれました。どんな改造プランになるのかな？

寝室じゃなくて、
リビングにクローゼットを
移動すればどうですか？（Emi）
え〜！ 場所ごと
変えるんですか？（一田）

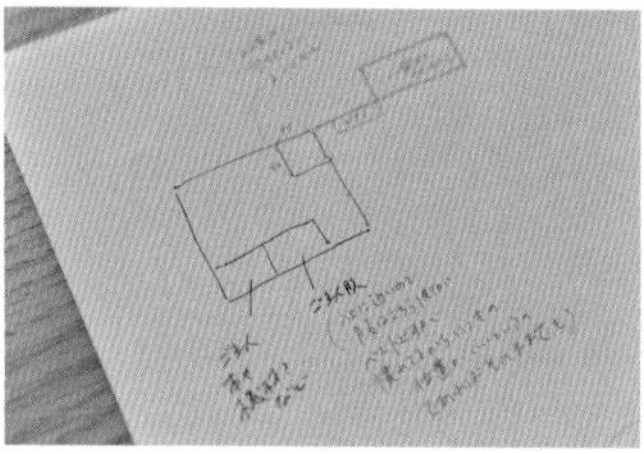

寝室の夫婦の洋服のうち、私の分だけをリビングに。リビングの夫の本を寝室に移動。

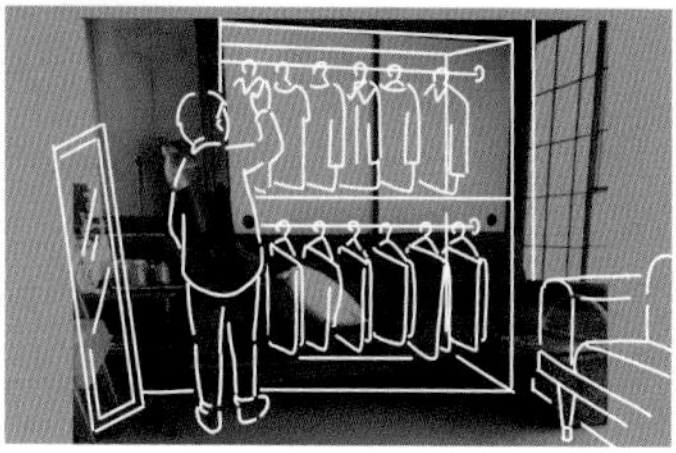

Emiさんが用意してくれた、リビングのクローゼット完成イメージ。

とワクワクしていたら……。

「いつも洋服はベッドの上にのって出し入れしているんですよね？ ご主人が横で寝ていらっしゃるのに身支度しなくちゃいけない日だってあるでしょう？ それってやりにくくないですか？ 毎日仕事に出かける前に着替えるんだから、私はリビングにクローゼットがあったほうがいいと思うんです」

なんと！ クローゼット内を片づけるのかと思いきや、場所を変えるとおっしゃる！ こうしてクローゼット見直し大作戦が始まりました。

STEP 1
まずは洋服を全部出す

「不要な服を間引く」のではなく、まずはすべての服を出すことからスタート。天袋のあまり着ない服も出して。

→

トップスは押し入れの前後2本のポールに。左のハンガーラックにボトムスをかけていた。

オールシーズンの洋服を全部出したら、寝室中いっぱいに。何年も着ていないものも。

STEP 2
不要な本やバッグを処分

今度は、リビングの押し入れに入っていた本と、下段にしまっていたバッグ類を全部出し、いるものだけを戻します。

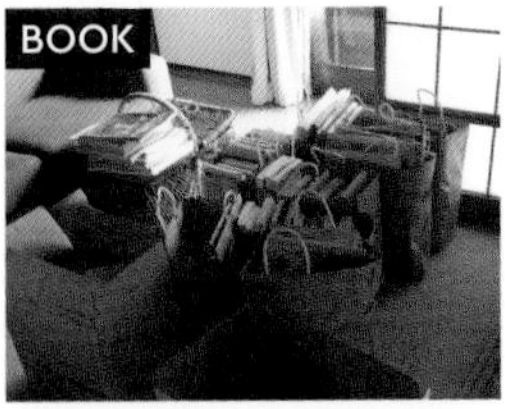

→

若い頃に読んで感動した本も、二度と読まないと判断。「チャリボン」を利用し処分。

本当に大切な本だけをいったん本棚に戻す。3列に並べていた本が、1列だけになった。

→

本棚の一番下にバッグを突っ込んでぐちゃぐちゃな状態。手前しか使っていなかった。

よく使う仕事バッグ3点、トートバッグ、リュックだけに絞って、あとは処分することに。

STEP 3 ポールを取り付ける

上段にトップス、下段にボトムスをしまい、押し入れの右半分だけで、身支度ができるよう押し入れ内を改造。

下段は、棚板の下にソケットを設置し、ポールを吊り下げて。

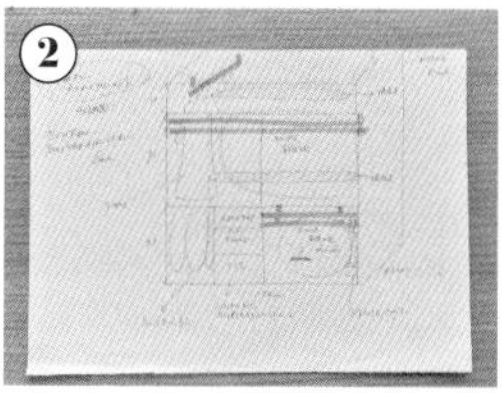

Emiさんが書いてくれた新クローゼットプラン。

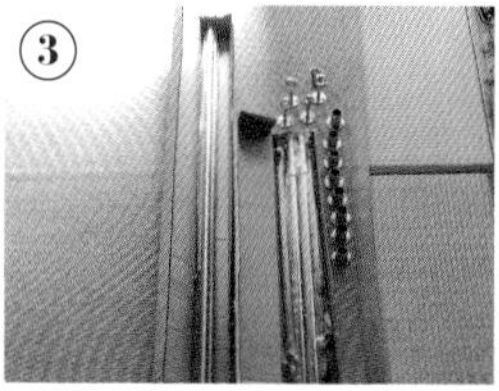

ポール類はすべてamazonでサイズをカットしてもらい購入。

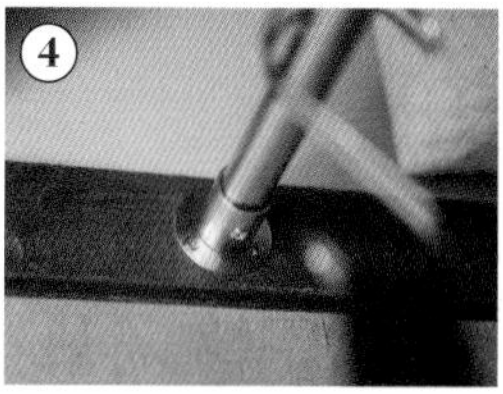

押し入れの木の部分にソケットを取り付けポールを渡す。

STEP 4 好きな服だけをクローゼットに戻す

すべて出した洋服を1枚ずつ眺めて「好き」と判断したら、クローゼット内へ。この作業を繰り返します。

完成！

すべてが見通せるから、
「持っているのに着ない」服が
なくなりました。

手前がオンシーズン、奥がオフシーズンのトップスを収納。

押し入れの中板の下に長さ70㎝のポールを取り付けて、パンツ専用に。

パンツは「マワハンガー」に二つ折りにしてかけてポールに。

オフシーズンのパンツは上段奥。シーズンになると下段に移動。

手前には「無印良品」のＳ字フックでバッグを吊るす。

押し入れのいちばん奥を保存版の本の収納コーナーに。

場所を変える→本当に必要な服だけを選ぶ→身支度しやすくしまう、というステップで完成した新クローゼット。思っていた以上にスカスカになりました。「今日着る服」がすぐ見つかるので大助かりです。

しまう場所と、持つ量を見直したら
新しい「おしゃれ」の時間が生まれました。

リビングのソファの後ろの押し入れをクローゼット仕様に改造し、洋服を一生懸命整理してやっと完成。ソファは今までより左に30㎝ほどずらして、押し入れへの通り道をつくりました。

朝起きて、顔を洗って髪の毛を整えたら、ふすまを開けて今日着る服を選びます。押し入れの右側のふすまを開ければ、上段にトップス、下段にボトムスがずらり！「今日は白いシャツに、ネイビーのパンツ」「昨日は白シャツだったから、今日はネイビーのワントーンコーデに」と、手持ちの洋服を見通しながら、「今日のおしゃれ」を決めることができます。

しかも、以前はギューギュー詰めでシャツを取り出すとシワだらけだったのが、空間に余白があるので、選んだらそのまま着られるのもいいところ。

Ｅｍｉさんから指示をいただいてから、１か月かけてここまで整えました。

以前はクローゼット下の押し入れ用引き出しにしまっていた下着は洗面所に移動。

ワンピースだけは、長さがあるので寝室のハンガーラックに。

面倒くさがりの私なのに、意外やその作業の楽しかったこと！　それは、クローゼットを見直すことで、新しい日々が始まる予感がしたから。朝起きて着替える。たったそれだけのことなのに、1日の始まりががらりと変わった気がします。

「Emiさんのお仕事って、誰かの人生を変えることなんですね！」

完成した時そう伝えました。今回はたまたまクローゼットだったけれど、自分の「今」を見直して、本当に必要なもの、好きなものを選び出し、暮らしの動線に合わせて収納する……。そのプロセスそのものが、新たな「これから」を考える時間になるよう。

人生の後半を迎えると、外出の機会が減るかもしれません。そうしたら、クローゼットの形もまた変化する……。片づけとは、その時々で自分にとっていちばん大切なことを見つけ出すことなのだと教えていただきました。

［ 一田家の片づけ術 ］

Home office

書斎編

書斎の片づけのポイントは、保存するものと処分するものの境目をはっきりさせることだと思います。今手がけている案件の必要書類も、その仕事が終われば不要になります。仕事の流れの中に、「書類を処分する」というプロセスを組み込んでおくことで、すっきり感をキープできます。名刺や会計書類など、とっておかなくてはいけないものはラクしてわかりやすいしまい方に。時間の経過までを考えることが、散らかりにくい書斎をつくるコツのようです。

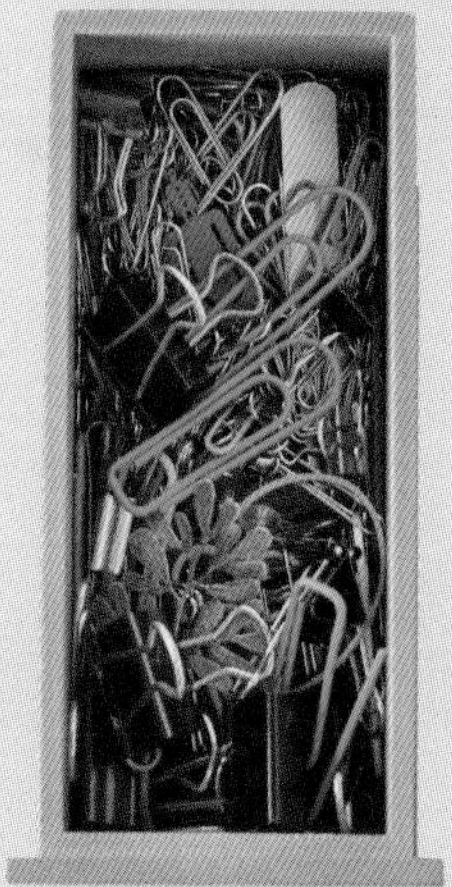

書斎の押し入れは、「今」片づけなくていい

手前に積み重ねた書類は、入稿が終わったもの。本が出て1週間経ったら処分する。

我が家でいちばんキタナイ場所といえば、間違いなく書斎にある半間の押し入れです。奥行きが深いからかなりの収納力。ここに、今手がけている雑誌のバックナンバー、最近刊行した自分の書籍、文房具のストック、使い終わった取材ノート、会計書類などをしまっています。とはいえ、いつもぐちゃぐちゃで、どこに何があるかわからない状態……。ときどき一念発起して片づけるのですが、すぐに元の状態に戻ってしまいます。

この混沌の原因はといえば……。しまい場所に困ったものを、「とりあえず入れとけ！」と突っ込んでしまうから。校正のゲラや、仕事の資料など、もういらないけれど、雑誌が出版されるまでは、何が起こるかわからないから、とりあえずとっておこう……。でも、出しっぱなしだと書斎が雑然と見えるから、「あそこ」へ突っ込んでおこうといった具合。

収納や片づけが苦手な人なら、家の中に、こんな「吹き溜まり」があちこちにあるのではないでしょうか？ そのごちゃつきの正体は、分類不能のものたちです。二度とリバウンドしないためには、この分類不能なものを「分類」することから始めなくちゃ……とわかっていても、なかなかできません。

私は、ものごとをパシッと割り切ることがとても苦手です。整理収納が得意な方に会うと、ものの持ち方や収納方法はもちろん、自分が大事にしているもの、人生の中での優先順位、未来への計画などが、とても明確で驚きます。アマノジャクな私は、「大事なことって、あれとこれのまんなかにあるんじゃないのかなあ～。こうとも言えるけれど、ああとも言える。そんなグレーゾーンこそ、本物なんじゃないかなあ」と言いたくなります。

きっとこの「あいまい気質」が、いつまでたっても片づけが上手にならない理由なのだと思います。でも……。部屋の隅々まで、押し入れの奥の奥まで、すべての持ち物を分類しなくたって、いいんじゃないかと思うのです。しまったまま忘れているものや、もう二度と使わないのに箱の中に眠っているものがあったっていい。いつか気が向いたら、箱を開けて整理して、いらないものを捨てる日が来るかもしれません。

50歳を過ぎて、夜ご飯を食べたら眠くなってしまい、食後に原稿を書くことができなくなりました。すると、早起きが大層苦手だったのに、朝5時には起きて、6時にはパソコンの前に座るようになりました。

「おばあさんになっても、ほ〜っと感動したことを書いていたい」と、マネタイズの方法なんて何もわからないまま立ち上げたホームページは、たくさんの人に読んでもらえるようになり、コンテンツが書籍化されたりと多くの可能性が広がりました。自分に必要なことは、グイッと自分の意志で舵を切らなくても、自然にやってくる……。そう感じています。

だったら、すご〜く困っていなければ、無理して押し入れの奥の奥まで片づけなくていい。扉を開けて雪崩が起きるようになって、「こりゃだめだ」となったら整理すればいい。そうすれば、いつか二度と散らからないように片づける「その時」がやってくるんじゃないかと楽しみにしています。

片づける気にならなければ、無理して片づけない

苦手でもITの知識は
あったほうがいい

デザイナーさんに出すコンテを作るときも iPad を利用。

仕事をしていると、パソコンのデスクトップにどんどんと書類やファイルが溜まっていきます。ずっとそのまま使っていたのですが、ある時データが重たくなりすぎて、パソコンの動作が極端に遅くなってしまいました。「これはどうにかしなくちゃ」と、パソコンの大掃除を決行しました。

まずは、1テラバイトの外付けハードディスク5つを用意。1つ目は「暮らしのおへそ」と「大人になったら、着たい服」用。2つ目は「書籍」用。3つ目は「個人の写真用」、4つ目は動画保存用。5つ目は「タイムマシーン」という現状のパソコンのバックアップ用です。普段から、デスクトップには本ごとにファイルを作って書類や写真などを保存しているので、その本が出版されたら、ファイルをハードディスクに移動し、デスクトップからは削除します。このサイクルをつくってから、パソコンの片づけがずいぶんラクになりました。

私はＩＴリテラシーが高いわけではないので、たとえばパソコンを新しく買うとか、新しいソフトを使うとなると、それを理解するまでに膨大な時間がかかります。原稿を書くには「ワード」しか使わないので、いまだに「エクセル」

の使い方はよくわからないし、「パワーポイント」もまったく知りません。

大抵新しいことをやってみようかな？　と思うのは、知り合いのライターや編集者に「これ、便利らしいよ」と教えてもらうのがきっかけです。ただし、真似してやってみようと思っても、なかなかうまくいかず四苦八苦。それでも、一度システムを構築すれば、仕事の効率がぐんとよくなります。

特に「iPad」を導入してから、コンテを書いたり校正をする手間がぐっと軽減。今までは、紙に書いたり赤字を入れたものをスキャンしてメールに添付して送るという手順だったのが、「iPad」に読み込んで、そこにアップルペンシルで書き込み、そのままメールで送れるようになりました。

名刺整理は「CamCard」というアプリを携帯に入れておき、名刺の写真を取れば、自動で連絡帳に情報がアップされます。今は「iCloud」で、自宅のデスクトップPCと持ち歩き用の「MacBook」、「iPad」、そして「iPhone」をすべて同期しているので、外出や出張先からも、書類のチェックや編集者とのやり取りがスムーズにでき、とても便利になりました。

ＩＴの知識は、便利な収納グッズと同じだなあと感じます。しくみをつくれば、書類や情報をびっくりするほど短時間で、簡単に整理できるようになるし、「できること」が確実に増えます。コロナ禍で「Ｚｏｏｍ」という機能を知り、家にいながら打ち合わせや取材ができるようになったのもそのひとつです。

87歳の父が70歳になった時、パソコンをプレゼントしました。指一本でタイピングしながら、時間だけはたっぷりあるので、メールが送れるようになり、インターネットで検索ができるようになり、世界が広がっているよう。そんな父の姿が「苦手なんで」と逃げているより、トライしたほうがいいと教えてくれました。まだまだ知らないことがたくさんあって、何をやるにも時間がかかるけれど、新しさを受け入れる柔らか頭を持っていたいなあと思います。

新しいソフトで情報を整理してみる

仕事の書類は、
持続可能な収納方法で

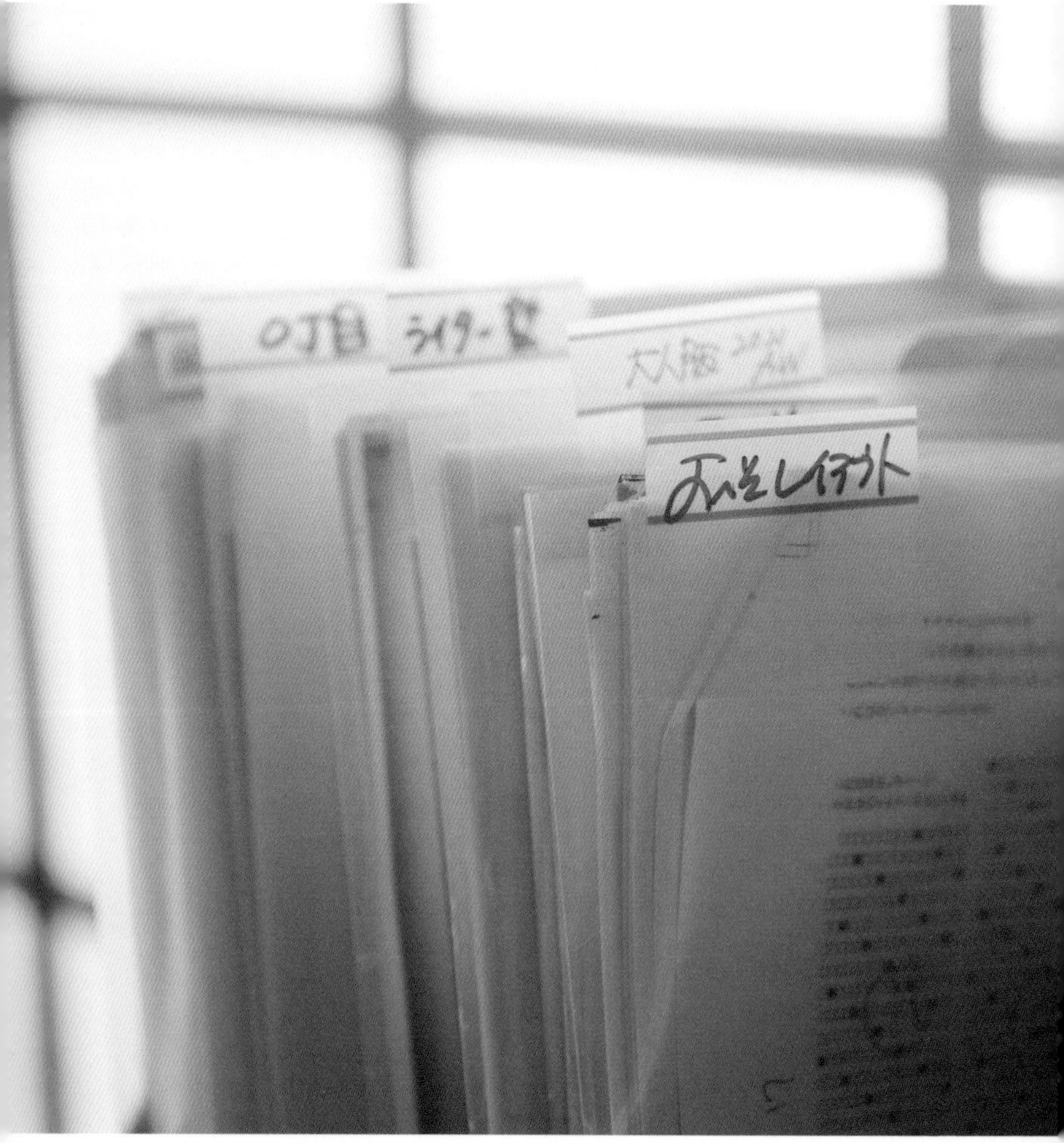

ラベル式のふせんに内容を書いてクリアファイルに貼っておく。

1年に数回「はりきりモード」がやってきて、引き出しをひっくり返したり、押し入れの中をかき回して、大々的に整理整頓する日もあるけれど、結局「元あった場所に戻す」のが面倒で、あっという間にごちゃごちゃに逆戻り……。私の片づけレベルはそんなものです。唯一きちんとしなくちゃ、と意識しているのが仕事関係の書類の整理です。こればかりは、「なくしちゃった！」というわけにはいきませんから……。フリーライターなので、いろいろな出版社とさまざまな媒体で仕事をします。若い頃は、雑誌ごとのファイルを作って整理をしていました。ちょっとはりきって、文房具屋さんでかっこいいファイルを見つけ、出版社や雑誌の名前をラベルで貼って……。最初に使ったのは、リングファイル。でもこれは、書類に穴を開けてから綴じないといけなくて、その作業が面倒ですぐに挫折しました。

次に、取り入れたのがボックスファイルの中に、薄手の紙のドキュメントファイル10枚ほどひっかけておくタイプ。ラベルで分類しておき、保存しておきたい書類を差し込むだけです。でも、どんどん突っ込むとたちまちいっぱいになって溢れ出します。

失敗を繰り返しながら学んだのは、整理整頓は「やる気」だけでは続かない、ということでした。何より大事なのは、「この私でも」続けられるということ。自分を大きくもなく、小さくもなく、ありのままに把握することは、思っている以上に難しいもの。私は、若い頃からなかなか自分に自信が持てなくて、何をするときにもすぐ「私なんて……」と言いたくなっていました。でも、それは実はプライドの裏返し。失敗したくないから、その言い訳として「自信なさげにふるまっておく」というかくれみのであることがだんだんわかってきました。自信を持つということは、覚悟を決めるということ。そう知ってから、「私なんて」という口癖が少し減ったように思います。

収納もきっと同じです。二度と散らからない収納を手に入れるには、まずは等身大の自分と向き合うことから……。

結果的に私が書類の整理で落ち着いたのは、特定のファイルを作らないという方法でした。クリアファイルとふせん型のラベルを用意しておき、今手がけている仕事ごとにファイリング。「暮らしのおへそｖｏｌ30」とか「天然生活」とか、その時々の仕事のタイトルをラベルに走り書きをして、書類をはさんだら、デスク前のファイルボックスに立てておきます。その仕事が終わったら、ファイルボックスから出して、押し入れ内の「仮置き場」へ。雑誌や書籍が無事出版されたら、すべての書類を破棄します。

このもっとも単純な方法の中には、「大雑把な私でも続けられるほど、手間がかからない」だったり、「不要なものの出口がある」だったり、今までの失敗からの学びがちゃんと生かされていて、だからこそ「こんな私」でも、「きれい」をキープすることができます。

持続可能な収納方法を見つけることは、自分自身と出会い直すことなんだなあと思います。

書類は、クリアファイルとふせん型のラベルで単純整理

増え続ける名刺や領収書は、とりあえず置き場をつくる

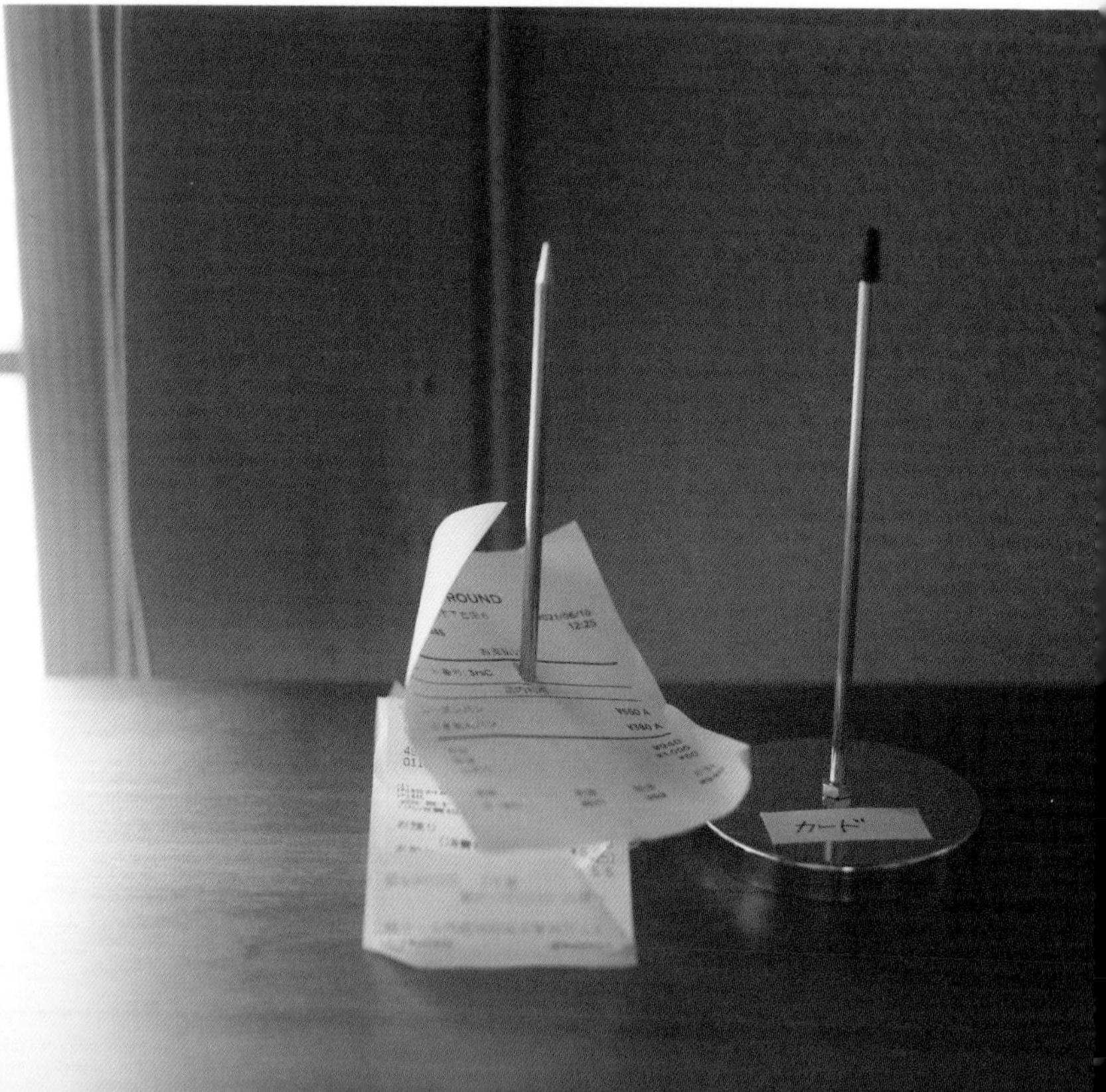

仕事机の上に状差し2つをスタンバイ。左に現金、右にカードの領収書を差す。

増え続けるけれど、捨てるわけにはいかない……。そんな紙ものの整理には毎回頭を悩ませます。特にずっと困ってきたのが、名刺と領収書。ふと気づくと名刺入れや財布がパンパンになっていて、慌てて古いものを出しても、その行き先が決まっていない……という状態でした。

名刺は以前からスマホで写真を撮るだけでデータベース化できる、というアプリ「ＣａｍＣａｒｄ」を使っていました。問題は、写真を撮った後の名刺です。クラウドで名刺管理をしている人は、データを取り込んだ後の名刺は処分してしまう、とも聞きますが、どうも不安で、私はまだ保存しています。以前は、「無印良品」の名刺用クリアホルダーを使っていましたが、コレに1枚ずつ入れるのが面倒くさい！　だったら、「もう二度と見ないけれど、とりあえず保存しておく」という形でＯＫなのかも、と思い至りました。そうして手に入れたのが「キングジム」の名刺用ボックスです。名刺がぴったり入る、ただの段ボールの箱で、写真を撮ったら、ここにポイポイ放り込むだけ。一箱に名刺１１００枚が収納可能。これで、名刺があちこちに散乱しなくなりました。

この方法に決まるまでは、「とりあえずちょっと置いておこう」と、名刺のしまい場所があっちこっちに点在していました。今では「この箱の中にすべてある」と在り処が明確になったので安心でもあります。

一方領収書は、以前から「無印良品」のA4サイズのポケットファイルを利用。1～12月までのポケットに、領収書を分けて入れておき、2～3か月に一度、会計ソフトにデータを入力します。今までは、財布がパンパンになってから、このポケットファイルに領収書を移し替えていたのですが、できれば、もう少しこまめに財布の中を整理したい……。知り合いに聞けば、領収書は毎日必ず財布から出しているのだとか。でも、毎日いちいちファイルにしまうのは私には無理……。そこで、出した領収書を「仮り置き」するスペースをつくることにしました。

まず考えたのが、後でデータ入力をするときに、ラクできる保存法にすること。ファイルにどんどん領収書を入れると、日付がバラバラに。毎回入力前に日付順にまとめ直していました。そこで今回、目をつけたのが「状差し」という道具です。よくレストランのレジ横に、伝票を差すために置いてある、針がついたホルダーのようなもの。財布から領収書を出して、これにブスッと差しておけば、古いものが下に。新しいものが上に溜まるしくみです。現金払い用とカード払い用の2つに分けて差しておくことにしました。

ずっと「なんとかしなくちゃ」と思いながら、放りっぱなしだった名刺と領収書の整理が、やっと動き出した……。今はそんな段階です。しばらく続けてみて、不都合が出てきたらマイナーチェンジをする予定。今回、改めて大事なのは、とりあえず「行動を起こす」ことだなあと実感しました。整理整頓は、一度で「正解」にたどり着けるわけじゃない。やってみて、違和感があれば微調整し、少しずつ「正解」に近づけばいい。まずは、無意識に出しっぱなしにしていた自分の行動に気づくことが第一歩のようです。

正解でなくても、今、できそうな「しまい方」を試してみる

デスクの上は、
掃除と片づけをセットに

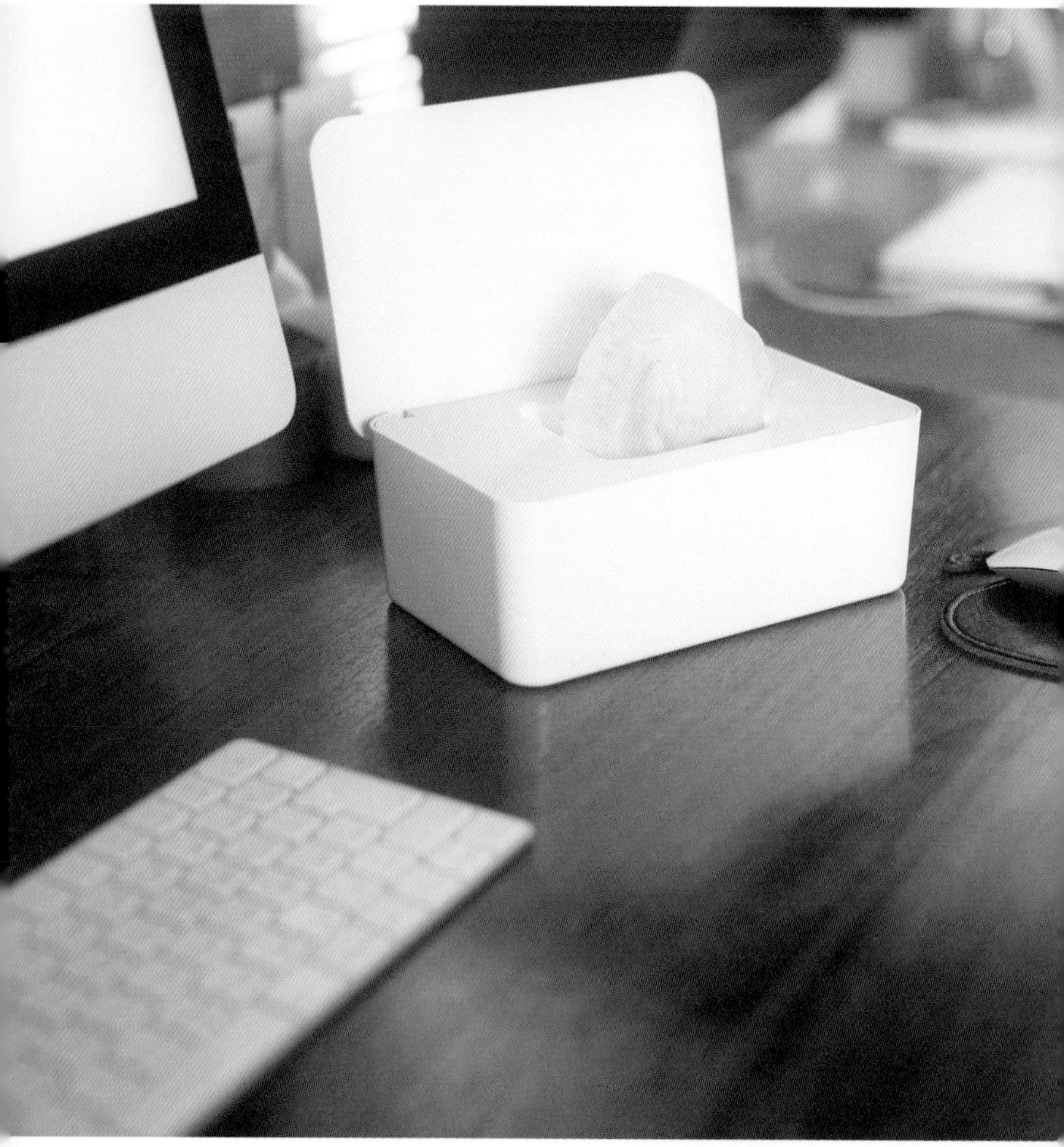

「無印良品」のウェットティッシュの箱をスタンバイさせて毎朝拭き掃除を。

書斎のデスクの上には、いつもやりかけの書類が広がりっぱなし。それが長年の当たり前の風景でした。仕事には「終わり」がありません。この案件が片づいたら、次に取り掛かって、それが終わったら、今度はあっちの仕事を。そうやってエンドレスに続くから、デスクの上には、必要な書類の山があっちにもこっちにも。1日の終わりに、「今日はここまで」と仕事を終えても、「どうせ明日の朝は、ここから始めるんだから」と、すべてを出しっぱなしでした。

そんな習慣から抜け出したのは、ウェットティッシュがきっかけでした。取材で、「ウエットティッシュを使うと、拭き掃除のハードルが下がりますよ」と聞いたので。リビングや玄関はマイクロファイバークロスで拭き掃除をするのに、書斎はいつもものが散らかっているので、パスすることが多く、なんとかしたいと考えていました。紙を使い捨てにすることに、一抹の罪悪感を抱えながらも、とりあえずトライしてみることにしました。

まずは、置いておいてもイヤではない、ウェットティッシュのボックスを探しました。「無印良品」のシンプルな箱形を見つけて、プリンターの横にスタンバイ。朝起きて、書斎に入るとまずここからウェットティッシュを1枚引っ張り出します。これで机の上を拭くのですが、その前に、散らばった書類をまとめてファイルに入れて、元の場所に戻します。また数分後に出して使うことはわかっていてもいったん戻す。この作業が、思っていた以上に大切なのだということが、手を動かしてみてわかりました。

書類だらけだった机の上を片づけて、広々とした天板が見えてくると、ウェットティッシュで隅々まで拭いて、デスクの端っこに置いているWiFi用のルーターの上やファイルボックスの隅に溜まっているホコリをきれいに拭き取るとさっぱり！　ティッシュをゴミ箱にポイと捨てると、頭の中までまっさらになったような、清々しい気持ちになります。

また使うけれど、いったんしまう。この繰り返しで、デスクの上の散らかりの質が変わります。ずっと出しっぱなしだと、前の前に使った書類と、前に使った書類が混じり合い、あらゆる時間が机の上で交差します。でも、リセットしてから出したものは、「今必要なもの」だけ。この状態だと、片づけも、1種類のファイルに入れるだけなのでラクチンです。

拭き掃除を終えて、デスクの前に座ったら、その日やることを、机の上のメモに書き出すようになりました。机の天板が見通せることと、今日の予定が見通せることは、どこかでつながっている気がします。同じ仕事量でも「今とりあえずやっつけないといけない」仕事だけを見るのと、全体を大きく把握して「今やるべきこと」に取り掛かるのでは、気持ちがまったく違います。「これが終わったらあれに取り掛かろう」と、「次」が見えていることで、ダラダラせずサッサカモードに切り替えられる……。

片づけは、部屋をきれいにすることだけが目的ではなく、「今」から「未来」への見通しをよくするためにするものだ、とウェットティッシュが教えてくれました。

書斎の机は、毎日拭き掃除をする

3章

時間の整理術

時間管理のスキルより、体調管理が大事

ソファには、いつでも昼寝ができるよう、夏用、冬用それぞれにブランケットを常備。

時間を上手に使うために必要なものは、スキルではなく、体調をきちんと整えることだ……。50歳をすぎてそう感じるようになりました。どんなに綿密に計画を立てたとしても、ひとつのタスクを予定時間内にこなすことができなければ、次に取り掛かることができません。せっかくスケジュールを立てたのに、なんだかやる気にならなくて、ずるずると時間がすぎていく。そして、「あ～あ、終わらなかったから、全体の計画が総崩れだわ……」と落ち込むことになります。同じことを手がけているのに、ある日はサッサカ終わり、ある日はなんだか気が乗らなくて、ちっともはかどらない。その差を生み出すものが、「集中力」です。これが、なかなかの厄介者で、「集中力を上げよう！」と決意したところでうまくいくとは限りません。つまり、「意志」の力でコントロールすることができないということ。

私の場合、集中力をあげる条件は2つ。ひとつはたっぷり睡眠時間を取ること。ふたつめは疲れを溜め込まないこと。この条件を整えるために、夜は早く寝て朝早く起き、いちばん疲れていない早朝に、いちばん集中力を必要とする原稿書きの仕事をする、という作戦を立てました。もしくは、疲れてきたな、と感じたら、昼寝をして自分をシャットアウト。すっきりしてから再び机に向かいます。すると「あれ？　私ってこんなに仕事をするのが早かったかな？」と自分でもびっくりするほど、スムーズにものごとが進むようになりました。

きっと以前の私は、仕事の「前」と「後」が長かったのだと思います。原稿を書かなくてはいけないのに、ネットサーフィンをしたり、他の調べ物をしてみたり……。「本当に今やるべきこと」に手をつける前に寄り道が多くて、無用な時間ばかりが経っていきました。しっかり睡眠をとったクリアな頭になると、「今、いちばん大事なこと」のジャッジが明確になります。そして、寄り道をせずに、まっすぐに目的地にアクセスできて、仕事のスピードがぐんとアップする、というわけです。

仕事の「後」には、さっさと切り上げる潔さが大事。睡眠時間をきちんと確保するためには、「ここまで」と自分で決めて「終わり」をつくらなければなりません。以前は、ダラダラしてなかなか集中できず、やっとエンジンがかかってきた、と思ったらもう夜遅い時間……。でも、まだ少ししか仕事がはかどっていなくて、「あれもしておいたほうがいいかも」「こっちも終わらせなくちゃ」と、あれこれ心配になってしまう、という悪循環に陥っていました。ダラダラと続けてしまうと、結局睡眠不足になってしまいます。たとえ途中でも、10時には寝ると決めて、「よし、お風呂に入ろう！」とパシッと仕事をやめる、そんな「切り上げどき」を逃さないことが、次の日に気持ちよくスタートを切るコツだと思います。

限られた時間にいかに多くのことができるか、と考えるよりも、すべてのことにいかにクリアな頭と心で向き合えるかのほうがずっと大事。「頑張って」時間のやりくりをするよりも、自分を「いい状態」に保つことさえできれば、自然に集中力が高まり、時間を自分のものにできる気がします。

ダラダラする前に、昼寝をしてリセットをする

テレビに
思考を乗っ取られない

本当に見たい番組がない限り、テレビをつけない習慣にチャレンジ中。

仕事がひと段落した時、テレビをぼ～っと見るのが大好きです。昼ご飯を食べた後、「相棒」だったり「科捜研の女」だったりと、昔のドラマの再放送をなんにも考えずに見る……。「大きな声では言えないけれど、これが、いちばんのリラックス方法だよなあ～」と思っていました。

『暮らしのおへそ』で取材をさせていただいたのを機に、勝間和代さんの「サポートメール」を購読しています。1か月1027円で、毎日5時に勝間さんからのメッセージが届きます。たかがメールですが、4000文字以上の読み応えのある内容で、毎日ノートにメモを取りながら読みます。

このメッセージの中で、勝間さんが繰り返し書かれていることが「テレビをつけっぱなしにすることをやめましょう」ということでした。その代わり「1日1時間でもいいから知性を磨く時間を1日の予算として確保すること」と。テレビを消したらいったいどんな変化があるのだろう？　と知りたくなりました。そこで、昼ご飯を終えると同時に好きな音楽を流し、テレビに雪崩れ込まないように防御。なんとなくリモコンを手にしていた「癖」をなんとか断ち切ってみることにしたのです。

テレビを消した室内は、なんだかガラ〜ンとして寂しげです。手持ち無沙汰のような気がして、時間が突然止まったかのよう。「わあ、やっぱり私には無理かも」と思っているうちに、思考がぐるぐる回り始めました。「あれ？　今手がけている仕事が終わったら、私は何をやるんだっけ？」と自分の立ち位置を確かめたり、「来年の今ごろ、私はどうしているだろう？」と想像を巡らせたり……。その他にも、「時間ができたらやろうと思っていた、あの準備を始めてみようかな」「そうそうあの人にお礼状を書いていなかった」と、「絶対にやらなくてはいけない」の外側にあることが気になるようになります。

仕事をする。洗濯をする。ご飯を作る。1日の中に当たり前にある「やるべきこと」は、時間に追いかけられながらだと、「消化しているだけ」に終わってしまいます。でも、そこに「空白」の時間があったなら……。たとえば仕事なら、今までパソコンを立ち上げてすぐ企画書を書き始めていたけれど、その前にちょっと興味のある人物をネットで検索してみます。洗濯なら、いつもなら洗濯機に放り込んでスイッチを押すだけ、だったけれど、靴下の裏側の黒ずみを手洗いで落としてみたり、糸がほつれかけたボタンを付け替えたり。「情報が入ってこない」静かな時間は、そんな「片手間」でやっていたことに、もう一度きちんと向き合うことを教えてくれました。

私たちは常にテレビから、常に何かの情報を得ています。それは、自分で何も考えなくても、一方通行で与えられるもの。でも、「思考」する時間というものは、入り口を塞いで、自分の内側に視線を向けてこそ始まるもの。それは、頭と心をクリアにして、自分と向き合う時間をつくることでした。いつもの毎日とまったく同じなのに、テレビを消すだけで、思考のプロセスが変わります。しばらくは沢口靖子さんと会うのはおあずけにして、自分の時間を取り戻したいと思います。

無意識にテレビをつけない

手帳で「予定」の外側の時間を確認する

今年から使い始めたのは『鈴木尚子の幸せ実現手帳』(オレンジページ)。

手帳を変えるということは、日々を見つめる目線を変えるということだと思います。たかが手帳ですが、毎日広げてスケジュールをチェックし、新たな予定を書き込む中で、ページの中から、自分の仕事や、プライベートの時間、自宅でひとりで自分に向き合う時間などが立ち上がってきます。

長年使い続けてきた「アクションプランナー」から、今年になって、整理収納アドバイザーの鈴木尚子さんプロデュースの手帳に変えてみました。この手帳の特徴は、最初に年間ダイアリーが付いていて、さらにマンスリーとウィークリーのページがあること。まずは「毎年この時期にやること」と決まっていることを年間ダイアリーに書き込みます。これによって、「この月の後半は忙しくなる……」とおおよその予測を立てることができます。

日常の中で具体的にスケジュールが決まってくるとマンスリーのページに書き込みます。1か月が見開きページになっているので、ここで全体の自分の予定を俯瞰《ふかん》して眺めることができます。そして、日曜日の夜か月曜日の朝に、今度はウィークリーのページに、マンスリーのスケジュールを見ながら予定を書き写します。実は、この手帳を使い始める前、このウィークリーページは、使わないかも？　と思っていました。自分のスケジュールは、マンスリーを見ればわかりますから。

ところが……。週単位にスケジュールを落とし込んで再確認する、という作業が、翌週を「自分のものにする」上でとても有効なことに気づきました。ウィークリーの月曜日の欄に、「9時から〇〇さん取材」と書きながら、そこへ行くまでにかかる時間、帰ってくる時間、取材が終わってからの時間を、無意識に頭の中でシュミレーションします。ああこの日は、15時ぐらいには家に帰れるな。だったら夕飯作りはゆっくりできそう……。といった具合。

この経験を経て、どうやらスケジュール帳では、そこに「書かれていない時間」が大事、ということがわかってきました。「書いた予定」は動かしようがない決定事項です。でも、その前後の時間の使い方は自分次第。「今度の取材は葉山だから、あのパン屋さんに寄ってこようかな」と、「予定の外側にある予定」を妄想するのが楽しい……。

といいながら、私は仕事が終わったら、とっとと家に帰ってきたいタイプです。帰りにスーパーで買い物をして、夕飯を作り、夫とご飯を食べる。そんな普通の日々が心の安定を支えています。だからこそ、「本物の予定」の後が重要。スケジュール帳の夕方近くの空き具合によって「あ、これなら焦らなくても大丈夫」と「追い立てられるように暮らす」イライラから脱出できます。

仕事が立て込むと、そんな余裕もなくなってきます。その場合は、ウィークリーの予定を書き込みながら「この週さえ乗り切れば」と覚悟を決めることができます。「そのつもり」で心の準備をしておくことは、忙しさを乗り切る上でとても重要なこと。毎日くるくると変わるスケジュールに、いたって普通の日々の営みが乗っ取られないように……。スケジュール帳の役割は、予定の裏側にある見えない時間を自分のものにすることなのだなあと思います。

マンスリーとウィークリーの2本立てでスケジュールを管理する

「後まわし力」を磨く

内田真美さん著『高加水生地の粉ものレッスン』（KADOKAWA）を見てパン作り。

私は猪突猛進型の性格で、同時にふたつのことができないタイプ。今手がけている仕事を進めながら、次の準備も始めておけばいいのに、時間のレイヤーをつくることができません。スタートし、ゴールを切ってから、もう一度パーンというピストルの音を聞かないと、走り出せないといった具合です。ところが……。歳を重ねるうちに、一気にゴールまで走りきるという体力がなくなってきました。午前中原稿を書き、昼食を取って机に戻ると、書くスピードがガクンと下がり、いい言葉も浮かんでこなくなります。無理して書き続けて、後から読み返すと、午後からの分だけがクオリティがガタ落ちで、結局もう一度書き直すことに。とうとう、仕上がらなくても「今日はこれでおしまい！」と切り上げることにしました。

最初は「まだ書けていないのに」と不安になりましたが、「意志を持ってやめたのだから」という思いが、「だったら、次に何をしようか？」というスタートダッシュをよくしてくれる気がします。原稿は書き終わっていないけれど、気になっていたリビングの引き出しの整理をしよう。引き出し1個分だけを片づけたら、次は気になっていた「高加水生地」のパンを焼いてみようかな？　時間を小分けにして、少しずつ足し算していくと、1日のうちにできることの数がぐんと増えて、「あ〜、今日はなんだかいろんなことがはかどったなあ〜」という充実感を感じることができます。

このこま切れ時間の足し算は、「切り上げ時」がポイントです。たとえば、リビングの引き出し1個を片づけたら、つい「あっちのボックスも」「こっちの棚も」とリビング全体をすっきりさせたいと考えがちです。でも、大々的に片づけ始めると、1日がそれだけで終わってしまい、他のことができなくなるし、第一疲れ切ってしまいます。だったら1個だけ今日やって、残りはまた後日やればいい。そう考えるほうがずっと気楽。燃料をすべて使い切る一歩手前で、余力を残して切り上げるのがポイントです。

「後まわしにする」と聞くと、なんだか悪いことのように感じがちですが、実は、自分を上手に操るために、とても有効な方法だと思います。時間の整理術の中で、いちばんやっかいなのが、「気分」という代物です。「なんだか気が乗らなくなってきた」という「もやもや」は、なかなか自分でコントロールできません。唯一できることが、スパッとやめてしまうこと。今目の前にあることから離れることで、頭や心を白紙に戻し、「さぁ次は、どんな絵を描こうか？」と新鮮な気持ちを手に入れることができます。

若い頃は、一度何かを始めたら、結果を見るまでやり続けなくては気が済まず、「途中でやめる」ということができませんでした。でも、歳を重ねて、やっと「ちょっと横に置いておく」ということが、できるようになったこの頃。それは、「やるべきこと」を長いスパンで眺めるということでもあります。今日やって、続きを2日後に。そのまた残りを5日後に。「後まわし力」を磨くということは、上手に自分の時間を蓄積し、できることの幅を広げることだと思います。

やりかけでも、気が乗らなくなったらスパッとやめる

流れ去る時間を
すくいとる

「無印良品」のダブルリングノートの B5 サイズを振り返りノートに。

企画編集を手がけ、定期的に出しているムック『暮らしのおへそ』や『大人になったら、着たい服』の見本誌がやっと手元に届いたり、コツコツと書きためたエッセイが書籍となって発売されても、私はほとんど読み返すことをしません。その時はすでに、次に出す本の企画が走り出していて、頭の中は「これから」のことでいっぱい！　そもそも「振り返る」ことが苦手で、常に前を見て走っていたいタイプ。だって、「過去」はもう終わったことで、今からいくらジタバタしても、その結果が変わることはありませんから。

ところがここ数年、いろいろな業界で活躍する女性たちにお話を聞くと、必ず耳にするのが「何かをやったら、その後振り返ることが大事」という言葉でした。え〜！　そうなの？　どうして？　私が苦手な「振り返り」というプロセスの中に、いったいどんないいことが潜んでいるのかを知りたくてたまらなくなりました。これは、やってみて体感するしかない。そこで、まずは「振り返り」というノートを1冊作りました。これとペンを夜お風呂に持って入ります。湯船に浸かりながら、風呂のフタの上にタオルを敷き、ノートを広げ、その日あったことを振り返り、思いついたことを書き留めます。すると、あんなに嫌いだと思っていたのに、書きたいことがするすると出てくるのです。今日会った人が言っていたあの一言。取材でもう少しここを深く聞けばよかった、という反省。夫が夕飯の支度を手伝ってくれなくて、イラッとしたこと。

ペンを走らせながら、「ああ、今まで私はこのページに書いたことすべての前を素通りしてきたんだ」と実感。振り返ることで得るものの大きさに、自分の手を動かしてみて、やっと気づいたというわけです。「過去は変えられないんだから、振り返ったって仕方がない」と思っていたけれど、過去から学ぶことの大きいこと！　やりっぱなしだったあれこれの中に、「ここはもうちょっとこうすればよかった」「次にやるならこうしよう」というテーマを見つけられるようになりました。

たとえば……。インスタライブを開催した時に、「楽しかったけれど、イチダさんは『えっと』が多いのが残念」というコメントをもらいました。「確かにその通り！」と思ったのですが、なんだかモヤモヤするのです。その日の夜、お風呂のフタの上で考えました。どうしてモヤモヤするのだろう……。きっと私は「欠点を指摘されたこと」がイヤだったのです。どこかに負けず嫌いな私がいて、欠点を認めることが悔しかった……。その時ノートに書いたのが「負けられる人になろう」という言葉でした。できないことはできない、欠点は欠点と認めて、「そうそう、私のここが悪かったのよね」と言える人になる……。そこまで自分の思考を紐解いたら、やっとモヤモヤが晴れました。

私が費やしてきた時間は、振り返ることで財産となり、未来の力として蓄えることができる。すでに自分が経験したことの中から、もう一度種を拾うことができる……。種を蒔《ま》けば、どんなに歳を重ねても私は枯れることなく、また新しい芽を育てることができるのかも。そう思うと、なんだか素晴らしい力を手に入れたようでワクワクしてきました。

振り返りノートを作ってみる

ちゃんと休む

週一回、パーソナルのテニスレッスンに通うのが今いちばんの楽しみ。

私の仕事は、暮らしまわりの記事を書くことなので、仕事と暮らしの境目が曖昧です。掃除をしながら「ああ、このことブログに書けるな」と思ったり、おやつを作りながら「写真に撮っておこう」とスマホを取り出したり……。気をつけていないと365日仕事モードで、ちゃんと休むことができません。

1泊2日で温泉に出掛けたとしても、朝はいつもの通り早起きして、浴衣を着て文机に座り、川のせせらぎを聞きながら、ブログを更新したりします。きっと小さなお子さんがいる方も、なかなかお母さんを休むことはできないのではないでしょうか？

3年ほど前、仕事で知り合った心理カウンセラーの方にカウンセリングを受ける機会がありました。その方曰く、「イチダさん、そんなに仕事のことばかり考えていると、もしドクターストップがかかるとか、仕事を手放さなくてはいけなくなったら、壊れてしまうかもよ。何か仕事とはまったく関係ないことを始めてみれば？」とすすめていただきました。

う〜ん、何にしようかな？ あれこれ考えて、選んだのが中学生から大学時代まで続けていたテニスでした。すぐにスクールを探して入会。ただし私がやっていたのは軟式テニスだったので、硬式はまったくの初心者。それでも「普通の人より少しはできるだろう」と思っていたのに、まったくできませんでした。それが悔しくて、悔しくて……。スクールに加えて、パーソナルなコーチに指導してもらうようになりました。今はコロナ禍でスクールがお休みになってしまったので、週に一度パーソナルレッスンに通っています。

翌日に原稿の締め切りがあっても、必ずレッスンには行く。そんな自分に自分で驚いています。これほど夢中になれたのは、この年齢になって、少しずつでも上達する、という自分の伸び代を感じられるのが楽しかったから。さらに、もうひとつは、テニスをしている間だけは、仕事のことも、家事のことも一切忘れて、ただテニスのことだけ考える……。その「今ここ」感が心地よかったからだと思います。

精神科医であり禅僧であるという川野泰周《ひろのり》さんがインタビューでこんなことをおっしゃっていました。「『最近、いちばん気分転換になった出来事は何ですか？』と質問します。テニスをした、温泉に入った、色々な答えがあるでしょう。そのどれもがマインドフルネスの状態です。瞑想とは〝今この瞬間〟のみに意識を集中させることによって、あれこれ思い悩む脳と心を休める行為です。何かひとつに注意力や集中力を向けたからこそ、気分転換ができた。すでにそれが、マインドフルネス体験なのです」。

なるほど、私のテニスは「マインドフルネス」だったんだ、と深く納得しました。現代人にとって、いつもの暮らしから一歩抜け出しまっさらになって休むことは、なかなか難しいものです。でも「休む」のは、何もしないでいることだけじゃない。たった1時間だけという隙間時間でも、テニスなどいつもと違うことに夢中になる……。そんな時間を経て、日常に戻ると「いつも」の見え方が変わってきそうです。

夢中になれる習い事を見つける

4章

人生後半のものの持ち方

ものを減らすことと物欲の関係性は？

新潟発の洋服ブランド「ア・ピース・オブ・ライブラリー」で買い物を。

イベントやトークショーなど人前に立つ機会があると、私はワンピースを1枚買います。それは、やっぱり「前もイチダさん、あの服着てたよね」ではなく、フレッシュな自分でいたいから……。そして「あのワンピースかわいかったですよね」と言われるとにんまりしてしまうのです。「自分が心地よければそれでいい」と言いますが、「新しいものを買う」というモチベーションは、「人に見られる」ことがきっかけになると思います。新型コロナウイルス感染症で「服を買わなくなった」という声を聞くのも「人目」がなくなったから。私たち、出会う人を鏡に自分の姿を確認するものだよなと思います。

人前に出る機会が増え、自分が写った動画や写真を見ると、「あ〜あ」とため息をつく日々でした。もうちょっと素敵な容姿だったらいいのになあって。がっかりするたびに、「こんなシルエットのパンツを穿くと、お尻が大きく見えるんだ」とか、「ショートカットがかっこいいと思っていたけれど、短すぎるヘアスタイルは私には似合わないんだ！」ということがわかってきました。

そこで、洋服を選ぶ際に体型をカバーしてくれる形を選んだり、美容室の担当者と相談して、少し優しいシルエットの髪型に変えたり……。「人目を気にする」というと、なんだか悪いことのような気がするけれど、「人の目で自分が磨かれる」というのもまた事実だなあと思います。

人生後半になって、身軽に暮らしたい、とものを減らし始める人は多いもの。かくいう私も、暮らしのスリム化の真っ最中です。でも、誰かに会うためにワンピースを1枚買う。そんなワクワクは残しておきたいなと思うのです。

「ものを減らす」ということと、「物欲をなくす」とことは似ているようで実はまったく別軸じゃないかと思います。若い頃より経験値が増え、知っているものの数も増えるから、ちょっとやそっとのことで、「これ欲しい！」と心が動かなくなります。でも、機会が少なくなるからこそ、「わあ、こんなもの見たことない！」という魅力をたたえたものとの出会いは、かけがえのない宝物。何歳になっても、新しい服を買って、鏡の前で着てみるドキドキや、新しい器を1枚買って、いそいそと自宅に持って帰りおかずを盛り付けてみる、というときめきは失いたくない……。

ものを買うということは、暮らしに風を入れることだなあといつも思います。それがなくなってしまっては、日常の空気がどんよりと停滞してしまいます。片づけやすく、整理しやすい部屋を手に入れることはとても大事です。でも、それをいつも優先してしまうと、日々が味気なく色あせてしまいそう。

本当に欲しいものを手に入れる喜びを知っていること。不要なものは持たない潔さ。その両方のさじ加減を自分で調整することが、「大人の片づけ」の目指すところ。片づけのことを考えると、つい「ものを増やさないようにしよう！」と分別のある大人の顔をしがちですが、何歳になっても、大いにお買い物を楽しめる自分でいたい。自分でも知らない間にものがどっさり増えてしまうという取り留めのない物欲と、未知なる自分との出会いを導いてくれそうな本物の物欲を見極められるようになりたいと思います。

何歳になっても、本物の物欲をなくさない

お金の不安は、
現状を「見る」ことから

お金について、きちんと学んでみたいと思い始めたばかり。

ずっと「ちゃんとしなくちゃ」と思いながら、見ないふりをしてきたのが、「お金」についてでした。私はフリーランスで毎月決まった収入があるわけではなく、「一定額を貯金するなんて無理！」と思ってきたのです。さらに、若い頃は、何かを買って手に入れ、使ってみることで、自分の経験値を増やそうと思っていました。つまり、「お金を使う」ことは、自分の引き出しを増やすことであり、仕事のスキルを上げること。こうして私は、貯金することもなく、ただ気の向くままに買いたいものを買って過ごしてきました。なのに、いつも将来のお金のことが不安。「仕事がなくなったらどうしよう」「老後はどうやって生きていこう」というもやもやを抱えていました。

『キッチンで読むビジネスのはなし』（KADOKAWA）という本を出し、いろいろな方に「ビジネス」についてのお話を伺う中で、かつて「エヌ・ワンハンドレッド」というカシミアのブランドを主宰されていた大井幸衣《ゆきえ》さんがおっしゃったのは、「貯金は、自分を自由にしてくれる」ということでした。「若い人みんなに言うのよ、ちゃんと貯金しておきなさいって」。私はすでに50歳を超えていたけれど、この話を聞いてやっと、貯金について考え始めました。

「ちょっと無理かも？」と思う金額を、普通預金から引き落として定期預金に。すると、確実に貯金が増えることを知って改めてびっくり！　なんて遅い気づきでしょう！　そして痛烈に思ったのです。もっと早く始めればよかったって。

それにしても、「これじゃあ老後にはまだまだ足りないんだろうなあ」と後悔する日々。いったいいくら足らなくて、そのために今からでもできることってあるんだろうか？　でも、それを誰に教えてもらったらいいんだろう……。悶々としている中で、たまたま知り合いが、ファイナンシャルプランナーをしている、という友人を紹介してくれました。藁《わら》にもすがる気持ちでその方のワークショップに参加してみました。

そこで教えてもらったのが、老後に必要なお金の計算方法でした。女性の平均寿命はなんと87歳。今の自分の年齢を引き算して、あと何年あるかを出し、1年に使うお金（平均1か月約35万円）を掛けます。この必要金額の総合計から年金や個人年金の金額を引き算します。こうして算出したリアルな老後のお金を確保するためには、今からいくら貯金しなくてはいけないかを、実際に「数字」として把握する……。電卓をはじきながら「ひゃ～、見たくない！」と思ったのですが、具体的な数字を目の前にすると、す～っと冷静になれた自分に驚きました。人は、「見えない」から、「なんとなく不安」を抱え続けるのだ、ということがわかってきました。現実をきちんと「見る」ことで、それがもし今からでは挽回不可能な金額であっても、少しでもよりよくするための対策を考えることができます。

きちんと計画的に貯蓄している人には、こんなジタバタは必要ないのかもしれません。でも、もし私のようにずっと「後まわし」にしてきた人がいるなら……。お金の片づけの目的は、「なんとなく不安」から抜け出すこと。そのために必要なものは、現状をしっかり見る勇気のような気がします。

老後に必要な金額から、今からの貯金額を算出する

一周回って、
自分の目で選ぶ

高価でなくても、肌触りのいいリネンのシーツをこまめに洗って。

ヨーロッパの女性は、嫁入りの時に家で使うリネン一式をそろえていく……。そんな話をワクワクしながら聞いたのは、30代初めの頃でした。実家で食器を拭くのは、スーパーで売っているピンクや水色の縁取りのあるキッチンクロスだったし、シーツは、母がバリバリにのりをつけたコットン製でした。そんな私にとって「リネンのクロスでワイングラスを拭いてもケバがつかない」とか、「水を通せば通すほど、とろりとした質感になるリネンシーツを手に入れる」というフレーズは、うっとりするほど魅力的でした。当時はまだ、リネン製品が今ほど出回っておらず、知り合いのスタイリストさんに紹介したもらったシーツは、なんと1枚5〜6万円！　でも、私もその上で寝てみたい！　と当時住んでいたマンションと同じ家賃で買ったのでした。1枚しか買えないから、朝洗って乾かして、夜ベッドメイキングをして寝るという日々でした。

「経験」というものは、自分の中に「ものさし」をつくってくれます。「あのシーツの肌触り」が、その後に出会うシーツを選ぶ基準になりました。今使っているのは、「無印良品」の1枚5000円ほどの麻平織のシーツです。

かつては、安い麻製品を買うと、洗うと少し石油のような臭いがしたり、紙のような肌触りだったり……とがっかりすることが多かったのですが、最近では、全体のクオリティが上がってきたよう。ボックスシーツの端のゴムがすぐに緩んでしまう……など、小さな不満点はありますが、我が家のスタンダードとしてはこれで十分だなあと思っています。さんざんいろんなものを買い、散財し、やっとブランド名や「誰かがすすめているもの」といった「外のものさし」を手放して、リーズナブルな価格なものでも、自分で買ってみて、使って分析し、「これがいい！」と選べるようになりました。

食材や日用品でも同じこと。「バターならカルピスバターじゃなくちゃね」と1パウンド1000円以上するのに無理して買い続けてきましたが、数年前から150グラムで350円ほどの「よつ葉バター」に変えました。食器洗い用の洗剤は「エコベール」から2分の1の値段の「緑の魔女」へ。コーヒー豆は、専門店から取り寄せていたのを200グラム500円ほどと格安ながら、コクがあっておいしいと感じる「カルディ」の「リッチブレンド」へ。

こんな風に上質なものを一度味わってみて、一周回って「これでいいじゃん！」と近所のスーパーや駅ビルでありふれたものを手に取ると、なんだか「むふふ」と嬉しくなってしまいます。ずっと前からここにあったものを、やっと拾い上げることができる自分になったのが嬉しいからかもしれません。「名前」にこだわらなければ、お財布もひと回り小さくできそう……。

もちろん、「井上醤油店」の醤油だったり、「オルチョ・サンニータ」のオリーブオイルだったりと、誰かから教えてもらったもので「やっぱりこれがいい」と使い続けるものもあります。そう知った上で、身の回りをぐるりと見渡して、当たり前のように使っているあれこれを、ひとつずつもう一度選び直してみたいなあと思っています。それは、やっと手に入れた「自分のものさし」で、自分の暮らしを計測し直す作業にもなりそうです。

「誰かに聞いて」選んだものを、自分の目で選び直してみる

未来への不安を手放せば、ものも手放せる

6年前に立ち上げたサイト「外の音、内の香」は、今ではなくてはならない存在に。

ものを減らすことができない理由のひとつに「不安」というくせ者がありま す。たとえば、私が洋服を減らすことがなかなかできなかった頃、心の中ではこんな風に考えていました。「今はたくさん服がある」→「でも、いつか稼げなくなって、洋服を買うことができなくなるかもしれない」→「そんな時、今着ないこの服を着るようになるかもしれない」→「だからやっぱり捨てずにとっておこう」といった具合です。

私たちの胸の奥には、知らずしらずのうちに「いつかのために備えておきたい」という自己防衛本能が根付いているのかもしれません。「今」にフォーカスして、必要なもの以外はすっぱりと手放すために必要なのは、ものより以前に「不安がり」とどう向き合うかを解決しないといけないよう。

頑張って経験を積んで、いいライターになろうと、私はずっと仕事をしてきました。多少オーバーワークでも、仕事を断るなんてもっての他。「この仕事であの人とつながっておけば、将来きっと役に立つはず」と無理を承知で仕事を詰め込んで……。もちろんそれはそれで大事なことで、夢中になってやってきたことが、今の足場をつくってくれたなあと実感しています。でも、「もっと仕事を楽しめばよかったなあ」という一抹の後悔もあります。若い頃は、修行の時代。だからつらいことも我慢しなくちゃ、と歯を食いしばる……。そんな日々は絶えず不安で、不安だから仕事をする。その繰り返しでした。

私のようにワーカホリックな人だけでなく、子育てでいっぱいいっぱいになって、せっかくのかわいい時期を味わえなかったり、専業主婦で時間はたくさんあるけれど、なんだか毎日が物足りなかったり。いろんな人のいろんな場面の「もやもや」は、みんな「ここじゃないどこか」にいいことがありそうな予感から生み出されている気がします。

私が、そんな「いつか」から「今」へと視線を戻すことができたのは、50歳の誕生日頃でした。あれ？「人生はまだまだこれから」と思っていたのに、もしかして、「今まで」より「これから」のほうがずっと短いのかな？　そう気づいた時、これはボヤボヤしている暇はない！　と思ったのです。「いつか」のための心配をして、不安がっている暇なんてない。今できることを今やらなくちゃ！　と。うまくいくかどうかはわからないけれど、ホームページを立ち上げてみたり、仕事をむりやり調整して、夫とエイッとハワイに出かけたり。

そしてその頃から、ものを減らせるようになってきました。起こるかどうかわからない未来のために「今」を乗っ取られるなんてもったいない！　そう気づいたとたん、「今着ない服」を手放して、「今気持ちよく過ごせる空間」を手にしよう、と腹を括ることができました。

「今」を未来のための準備期間ととるか、「今」は今で使い切るかで、ものの持ち方はがらりと変わります。準備だけで人生を終わらせたくない。そう思ったとき、ものを手放す勇気が手に入る気がします。そしてこれは、人生後半を歩いている私と同世代の人だけでなく、若い人にも有効な「不安」と「もの」の手放し方だと思います。

「いつか」のために必要なものは「今」のために手放す

持っているものを
熟成させる

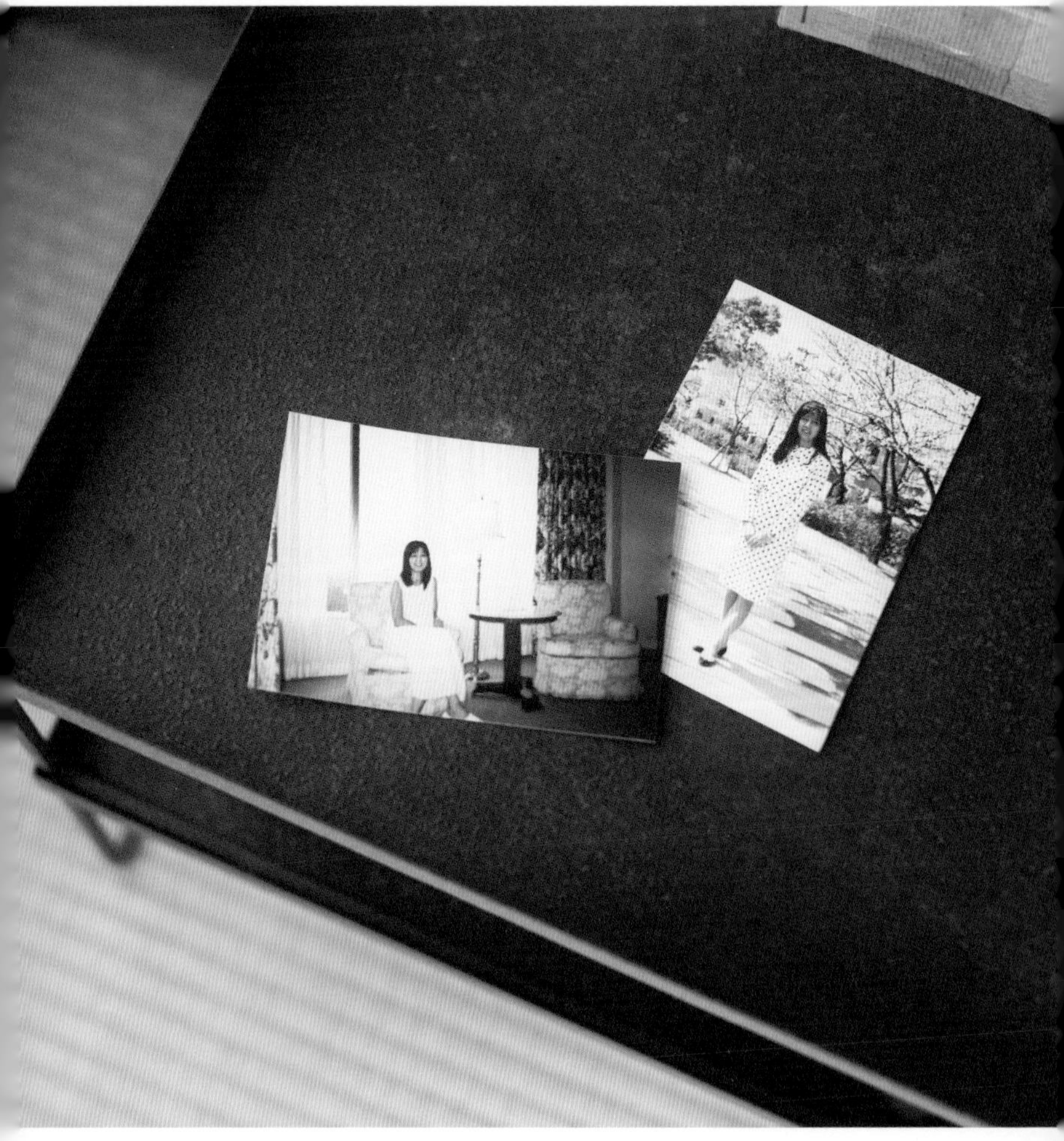

右は大学生の頃。左は30歳頃。絶えず不安で背伸びばかりをしていた。

若い頃は自分に自信がなくて、何かにトライしても「これでよかったのだろうか?」と絶えず不安だったし、「まだまだ」と自分にダメ出しをし……。永遠にその繰り返しで、いったいいつになったら「よし!」とOKを出せるようになるのだろう? と途方に暮れたものです。でも、それはきっと「飢餓感」を燃料にして、自分のエンジンに点火していたから。何かが「足らない」という想いは、それを補おうとする力を呼び覚ます……。「イマドキノワカイコハ」という話はあまりしたくないけれど、若い人たちが、「自分たちのペースで」とか「自分のできる範囲で」という話をすると、「おいおい、そんなに余裕でいいの?」と言いたくなります。

ただし、焦燥感は自分を消耗させることも事実です。先日、私のインテリアの師、津田晴美さんが、「怖い人には、体力がある若いうちに会っておきなさい」とおっしゃっていて、なるほど! と膝を打ちました。「足らないこと」を力に変えるには体力が必要で、歳を重ねると、この力がなくなってきます。そろそろ「足らないもの」ではなく、「持っているもの」の数を数えながら生きてもいいのかも。そう感じるようになったのが、50歳を過ぎた頃からでした。

数年前から「ライター塾」という「書く」ためのポイントをみなさんにお伝えする講座を開くようになりました。「この私が教える？」「なんだか、えらそうじゃない？」とも思いましたが、唯一私がコツコツと続けてきた「書く」ことなら、誰かにお伝えすることができるんじゃなかろうか、と腹を括ったというわけです。まず、取り掛かったのが「書くってなんだろう？」と自分の中を整理することでした。ずっと無意識に続けてきたので、いったいどういうプロセスで思考を文章に変換しているのか？　自分自身で分析する必要がありました。こうしてまとめたものを手に、ドキドキしながら開いた「ライター塾」は、多くの方に喜んでいただくようになりました。

この経験を機に、私が「すでに持っているもの」はなんだろう？　と他にも探してみることにしました。淡々と続けてきた日々のご飯作り、出会ってきた人たち、行ったことがある場所、読んだ本……。そんな自分の引き出しの中にあるあれこれを再度掘り起こし、整理し、定義し直さないと、持っていることさえ忘れてしまいます。

そして、もしかしたら、これが50代からの暮らしの「お楽しみ」なんじゃないか？　と思うようになりました。「もっともっと」と新たなことをインプットするのではなく、すでに自分の中にあるものを再確認し、組み合わせを変えて構築し直し、そして熟成させていく……。それは、「あの時の経験」と「この時の感情」を組み合わせることであり、そこから自分だけの「真実」を立ち上げることでもあります。さらには、これから先にあるだろう小さな出会いによる刺激で、過去をさらにアップデートすることでもある……。人生後半は、枯れていくしかないのだろうか？　そう考えてちょっぴり寂しくなっていたけれど、この「熟成」という作業を続けていくなら、いつまでも面白おかしく生きていけそうな気がします。

過去を振り返り、ノートに整理してみる

人と人との関係を片づける

仕事で知り合った、ミシンで絵を描く作家「Nutel」こと渡邊笑理《えり》さんの作品。

人生後半に見直すトピックの中に、「人づきあい」があります。「歳を取ったら、もう誰かに合わせることをやめて、本当に気の合う人とだけつきあえばいい」とよく聞きます。確かにそうだ！　と思う反面、「本当にそれでいいのかな？」と感じてきました。仕事を引退し、子供が独立し、ふと見渡すと、自分の周りにいる人の数がぐっと減ってくる。そんな時寂しくないのかな？　と思ってしまうのです。とは言っても、煙たがられながら、若い人の集まりに顔を出すのもイヤだし……。

たぶん、私はおばあさんになっても、「ねえねえ、イチダさん、これはどうしたらいいと思う？」と誰かに聞いてほしい。いくつになっても誰かの役に立っていたいのだと思います。ずっと「私は明るく閉じている人だから」と、パーティに参加することもなく、積極的に友達をつくるタイプでもなく。そんな自分が、「人」を求めているなんて、思ってもみないことでした。でも、どんな人でも心の奥底に、この小さな願いが潜んでいるんじゃないかなあ。

若い頃「私はここにいます！　誰か私を見つけて！」と思いながら仕事をし

てきました。仕事で認められたかったたし、評価が欲しかった。「ねえ、ねえ、見て見て！」と、何かを得ることばかりを考えてきた気がします。

でも、それだけでは人間関係がうまく回らない、ということがわかってきました。評価だけを求めていた頃、私は願わくば「ひとり勝ちしたい」と考えていたのだと思います。何か「いいこと」を知ったり、手に入れたりしたら、内緒にしておき、ここぞというときに披露して「ほ〜っ」と言われたい……と姑息なことを考えていました。

そんな時期を経て、ここ数年周りを見渡すと、生き生きと仕事をしている若い友人、知人たちはみな、自分の手にしたものをひとりで抱え込むのではなく、「ねえ、ねえ、こんな素敵なものを見つけたよ」「あなたの仕事にも役立つんじゃない？」とすぐに隣にいる人へパスしていました。私にも、そのパスが回ってきて、「え？ そんなことしてもらっていいの？」と戸惑ったことを覚えています。そして、それが嬉しくて、今度は自分がいいものを見つけたら、「ねえねえ」とパスを返したくなりました。

そして、やっと人は「ひとり勝ち」では幸せになれない、ということに気づくことができた気がします。手にしたものは、ひとりで握り締めないで、みんなに循環させてこそ、みんなでハッピーになれる……。そう考えると、「閉じている」とか「開いている」なんて、どっちでもいい、と思うようになりました。楽しそうなことをやっている人を見つけたら、気軽に声をかければいいし、自分がワクワクしたら、たまたま隣にいる人に語りかければいい。人と人の関係は、頭で考えてつくるものではなく、自然でありのままなものなのかも。

人生後半に「人づきあい」をもう一度考え直したくなるのは、もっと自由にラクに人との時間を楽しむため。そのために必要なのは「自分だけが得をする」という知らずしらずに自分にこびりついた考えを、引っ剥がすことなのかもしれません。

いいものを見つけたら、すぐに誰かにパスしてみる

おわりに

この本の原稿を書き終わった数日後、洗面所で洗濯の準備をしていました。我が家では、洗濯ネットは、ずっと「無印良品」のフタ付きケースにしまってきました。当時使っていた洗濯ネットは3～4枚。その後、取材で洗濯ネット1枚に洗濯物は1枚が望ましいと知って少しずつ増え、今では10枚ほどを常備しています。当然容器の中はギューギュー詰め。「えっと、Sサイズはどこだろう?」と中身を全部出さないと、見つからない始末です。

ふと、「これ、S、M、Lに分けてしまったらいいんじゃない?」と思いつき、さっそくマグネットタイプの容器を3つ買いました。これを、洗濯機の側面にひっつけて、サイズ別に洗濯ネットを分類。必要なサイズをサッと取り出せるようになり、「なんて便利!」とひとりで感動しています。

立て込んでいた仕事がひと段落し、朝コーヒーを飲みながら久しぶりにゆっくり新聞を読みました。アメリカやアフガニスタンで起こっていることを知り、落語家が案内する江戸の街を「ふむふむ」と読み、1964年の東京オリンピックの時代に活躍した日本の画家たちの話に「へ〜！」と驚く。いつものパソコンデスクと我が家のキッチンの外側にこんな世界が広がっていることを改めて感じ、「今」からいったん離れるって大事なんだなあと思い知りました。

今まで見えていなかったものが見えるようになる。それが「片づけ」のいちばんいいところじゃないかなあと思います。洗濯ネットのしまい方が不便なことも、仕事しか目に入らなくなっていることも、自分ではなかなか気づくことができません。だったら、どうすればいいんだろう？　と考えました。「気づく」自分になる唯一の方法は、きっと「ひと休み」することなんだろうと思います。忙しい日々の中では「何か」に気づくことができなくても仕方がない……。だからせめて、ひと段落したらお休みしよう。頭と体と心を休ませて、自分から一歩離れることができたら、きっと見えなかったものが見えてくるはず。ものや時間や自分の人生を片づける、「大人の片づけ」のために、ちゃんと休もうと思うこのごろです。

一田憲子　いちだ・のりこ

1964年生まれ。編集者・ライター。OLを経て編集プロダクションに転職後、フリーライターに。暮らしまわりを中心に、書籍や雑誌で執筆。『暮らしのおへそ』『大人になったら、着たい服』では企画・編集に携わる。著書に『丁寧に暮らしている暇はないけれど。』『面倒くさい日も、おいしく食べたい！』（ともにSBクリエイティブ）、『暮らしを変える　書く力』（KADOKAWA）など多数。

ウェブサイト「外の音、内の香」
https://ichidanoriko.com

大人の片づけ

できることだけやればいい

2021年9月16日　第1刷発行
2021年10月6日　第2刷発行

著者　一田憲子
発行者　鉄尾周一
発行所　株式会社マガジンハウス
〒104-8003 東京都中央区銀座3-13-10
書籍編集部 ☎03-3545-7030
受注センター ☎049-275-1811
印刷・製本　三松堂印刷株式会社

ISBN978-4-8387-3166-4 C0095

撮影　黒川ひろみ
　　　青木和義（マガジンハウス）
デザイン　菅谷真理子（マルサンカク）